Unsere Besten

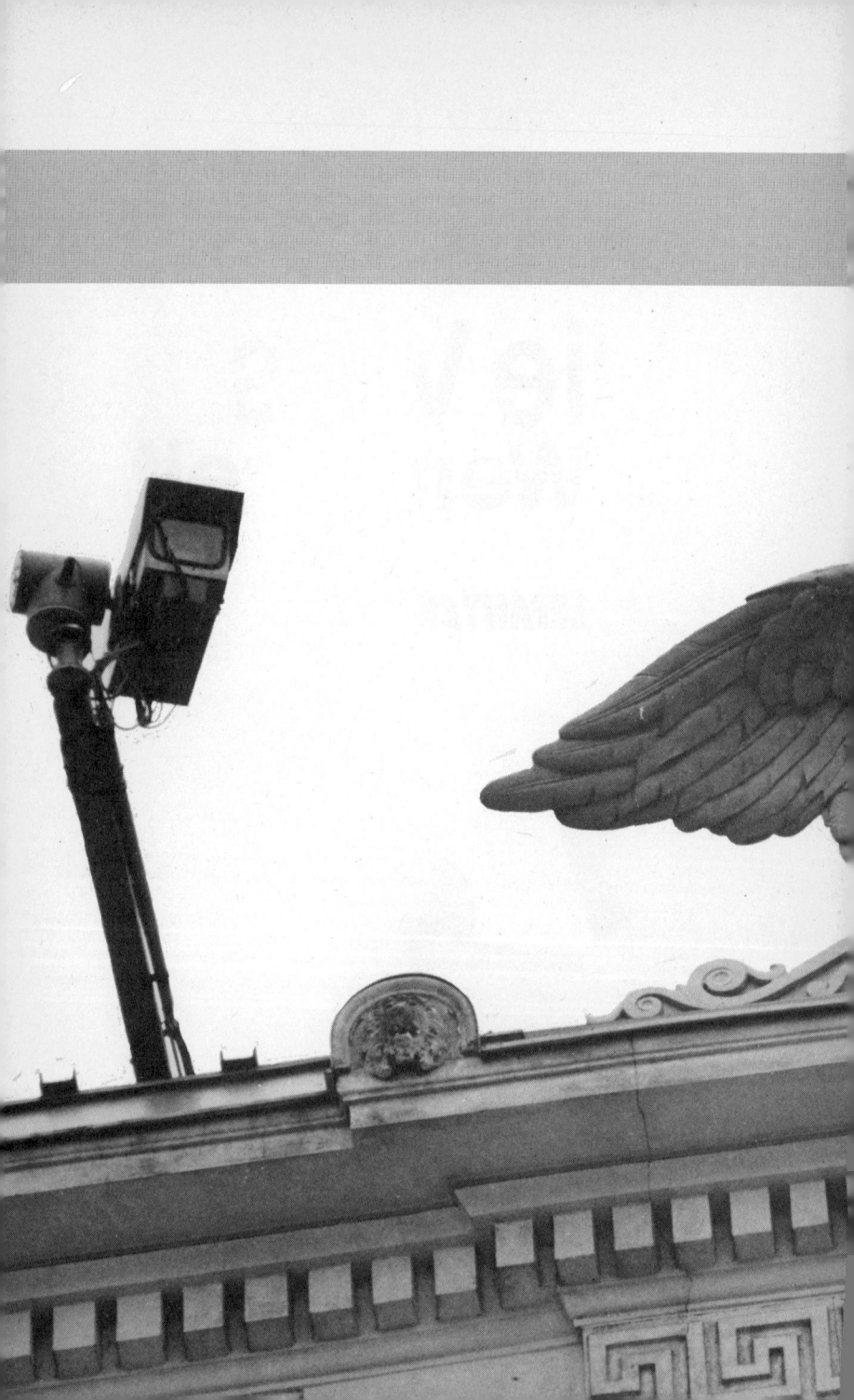

Reinhold Andert

Unsere Besten

Die VIPs
der Wendezeit

ELEFANTEN PRESS

Inhalt

Ein Wunsch vielleicht

Als Bonifatius einst im Auftrag des fränkischen Königs in dessen Provinz Thüringen kam, um die dortigen Heiden zu bekehren, traten ihm fünf Männer entgegen. Sie versicherten ihm, bereits Christen zu sein und eher den Tod erleiden zu wollen, als sich ihren Glauben wieder nehmen zu lassen. Sie boten ihm Hilfe an. Bonifatius war begeistert und informierte Rom. Seitdem geistern diese fünf als mutige Bekenner durch alle Kirchengeschichten Deutschlands. Aber auch die Profangeschichte kennt ihre Namen: es sind die Ahnherren der thüringischen Grafengeschlechter.

Die Zeit seit dem Herbst 1989 wird oft als »Wende« bezeichnet. Dieser Begriff beschreibt nur unzureichend, was in den letzten drei Jahren im östlichen Deutschland geschah.

»Die Krippen haben gewechselt, die Ochsen blieben dieselben«, sagte meine Mutter über frühere »Revolutionen«.

Auch das stimmt so nicht, denn viele neue Gesichter sind bekannt geworden, sind jetzt die aus der grauen Masse hervorragenden Persönlichkeiten. Sie stehen auf Tribünen und in Zeitungen, sitzen auf Talkshow- und Ministersesseln. Sie haben nun die politische und die andere Verantwortung für uns übernommen. Es gilt, sie dabei zu unterstützen, ihnen Achtung und Ehre zu erweisen. Ihr soziales Engagement sollte uns Vorbild sein. Das wollen sie auch und übergaben uns deshalb in vielen Broschüren ihre Lebensläufe, damit wir daraus lernen können.

Umweltbewußt wie sie sind, denn durch jedes Heftchen sterben ja Bäume, haben sie sich auf Wesentliches ihrer Biographien beschränkt. Nach der Geburt folgt bei vielen unmittelbar ihr Wirken nach dem Herbst 1989. Dazwischen war nichts.

Bei mir liegt leider allerhand dazwischen. Da ich aber den Wunsch hatte, ihnen nachzueifern, mußte ich ihr Dazwischen in Erfahrung bringen, um es mit dem meinen vergleichend, daraus zu lernen. In Archiven und Bibliotheken habe ich biographische Werke und Zeitungsartikel über sie gefunden. Vieles widersprach sich, was konnte ich für mich übernehmen? Bei Konzertreisen durch die neuen Landesteile hatte ich das Glück, ArbeitskollegInnen, SchulfreundInnen oder politische WeggefährtInnen von ihnen kennenzulernen. Aber auch sie konnten oft nur Subjektives berichten. Trotzdem hinterließ diese Arbeit in mir ein Gefühl der Erleichterung, denn auch ich könnte es womöglich noch eines Tages schaffen, Verantwortung zu übernehmen.

Indem ich mich entschloß, Ihnen, liebe Leserin und lieber Leser, dieses Ergebnis meiner Mühen zu übergeben, möchte ich mit meinem sozialen Engagement beginnen. Möge es auch Ihnen zum Rüstzeug Ihrer Besserung dienen!

Reinhold Andert
Februar 1993

27.5.00

Anderson, Sascha

Sascha A. ist auch, wie sein berühmter dänischer Namensvetter, ein bekannter Märchenerzähler. Märchen sind etwas Schönes, Anregendes. Kinder nehmen sie für bare Münze, später suchen sie nur das Körnchen Wahrheit, das in ihnen steckt, und oft zu spät entdecken sie die Weisheit, die in ihnen wohnt.

A.s Märchen sind nicht so phantasievoll wie die dänischen, nicht so grausam wie die Grimmschen, dafür um so fröhlicher.

Eines davon, das vom verborgenen Schatz, erzählte er seiner Sparkasse. Mit ihm, sagte er, könne er seine Schulden begleichen. Die glaubte ihm allerdings nicht.

Anderen, vermeintlich wohlhabenden Geschichtenerzählern wie Fühmann, Kahlau, den beiden Wolfs u.a., bot A. bemalte Blätter an und erzählte, dies sei große Kunst von anderen Dresdner Unterdrückten. Der Erlös komme wohltätigen Zwecken zugute. Man spendete gutgläubig und reichlich.

Inzwischen hatte A. sieben Zwerge um sich geschart, die ihm helfen sollten, seine Märchen zu verkünden. Er ließ sich in einer belebten Straße Dresdens vom Dach eines Hauses am Seil herab, die Zwerge riefen »Ah«, »Oh« oder »Hilfe«, bis sich eine genügend große Schar Neugieriger versammelt hatte. Denen las A. dann am Seil hängend seine Märchen-Gedichte vor.

Auch andere Neugierige interessierten sich für seine Geschichten. Denen erzählte er, was für ungeheuerlich gefährliche Riesen und Zauberer unter seinen Zwergen und Gönnern seien. Unersättlich waren jene beim Zuhören, immer neue Geschichten mußte er für sie erfinden. Als sie genug gehört hatten, entließen sie ihn zu Alice ins Wunderland. Dort berichtete er, man hätte ihn zu Hause wie Aschenbrödel behandelt, und flugs wurde er neu eingekleidet.

In Wahrheit aber sollte er dort… Und wenn er nicht gestorben ist, lebt er noch heute.

Aber die Zeit der schönen Märchen und Träume ist vorbei, auch für ihn. Eigentlich schade, Sascha.

Arnold, Michael

In der Broschüre des Sächsischen Landtages schaut einem unter diesem Namen auf Seite 20 ein Flaumbart-umrahmtes Gesicht mit einem dümmlichen Herz-Jesu-Blick entgegen. Das Foto soll täuschen. Der nebenstehende biographische Text hat eine wesentliche Lücke. Dort steht, daß A. in einer Lebensgemeinschaft lebt, 1964 in Meißen geboren wurde und sich nun Zahnarzt nennen darf. Sich von ihm aber einen Zahn ziehen zu lassen, erzählt man, davor sei gewarnt, denn A. kann ziemlich brutal werden. Das bewies er bei der Auflösung der Stasi im Bezirk Dresden, denn dabei war er einer der Eifrigsten, Hysterischsten und Kundigsten. So erwarb er sich einen bedeutenden Ruf bei seinen Mitkämpfern im »Neuen Forum«, die ihn zum Bezirks-, später zum Landessprecher machten. In dieser Funktion formulierte er unermüdlich die drei Hauptthemen der Politik des »Neuen Forum«: 1. Ministerium für Staatssicherheit, 2. Stasi und 3. Staatssicherheitsdienst. Das machte ihn für das später zu Wahlzwecken vereinigte »Bündnis 90« politikfähig, er erhielt ein Mandat für den Sächsischen Landtag.

Wie viele Stasiauflöser von Forum und Bündnis war auch A. gewissermaßen Mitarbeiter des Ministeriums für Staatssicherheit. Mindestens drei Jahre lang hat er sich freiwillig der bewaffneten Kerntruppe dieses Ministeriums zur Verfügung gestellt, diente dem »Schild und Schwert der Partei« im Wachregiment »Felix Edmundowitsch Dzierzynski« in Berlin-Adlershof.

Axthelm, Dr. Hans Hennig

Daß A. 1941 gerade in Allstedt geboren wurde, hatte auf sein späteres Leben nur bedingt Einfluß.

In dieser Stadt predigte einst der Pfarrer Thomas Müntzer, von hier zog er die Fäden, um den Bauernaufstand 1525 vorzubereiten. In der Allstedter Schloßkapelle hielt er seine berühmt gewordene Fürstenpredigt, in der er dem Landesvater aus Weimar unangenehme Bibelstellen entgegenrief.

Es passierte ihm nichts, schon damals durfte man alles sagen, wenn es nur nichts bewirkte. Erst als das Wort zur materiellen Gewalt wurde, als sich die Bauern erhoben, fahndete man nach ihm. Dabei tat sich ein anderer Allstedter hervor: der Schösser, d. h. der Schloßverwalter. Der berichtete treu seinem Herrn über »Stimmung und Meinung« der aufständischen Bauern und verriet deren Pläne. Diese IM-Berichte halfen den Fürsten, ihre Macht wiederherzustellen und den ersten politischen Wendeversuch in Deutschland im Blut zu ersticken. Früher war alles etwas tragischer.

A. konnte wahrscheinlich kein Blut sehen. Nach seinem Medizinstudium wählte er das Fach Arbeitshygiene. Als oberster Saubermann achtete er im Kreis Hildburghausen auf Sauberkeit, auch im politischen Bereich. Früh schon wurde er Mitglied der CDU, 1963 deren Ortsvorsitzender im südthüringischen Eisfeld. Dieses Ehrenamt bekleidete er 26 Jahre lang. Es wäre müßig, seine in so vielen Jahren absolvierten Schulungen und Hygieneberichte aufzuzählen, die des Schössers von Allstedt sind spannender. Langweilig ist auch seine Karriere nach dem Herbst 1989: Vizechef der CDU Thüringens, Mitglied der Volkskammer, des Fraktionsvorstandes und Präsidiums der CDU, Wahl in den Landtag und Thüringens Minister für Soziales und Gesundheit: also wieder Hygiene, sozial und gesundheitlich. Daß er diesmal aber nicht nur berichten mußte, sondern »Verantwortung trug«, überforderte ihn, wie die meisten seiner Unionsfreunde. Er stolperte von einer Affaire in die andere und mußte schließlich als Minister gegangen werden.

Als einer der wenigen in seiner Partei besitzt A. aber noch Schamgefühl: Er schämte sich, einer Verkäuferin ein von ihm begehrtes Set, eine Sexzeitung plus Hundeshampoo zu zeigen d. h. zu bezahlen, und wurde des Diebstahls bezichtigt.

Einen Diebstahl von lumpigen 10 DM in Zusammenhang mit einem CDU-Politiker zu bringen, ist eine ungeheure Frechheit von dieser Verkäuferin.

Bahro, Rudolf

B. kam nach Kriegsende 1945 als zehnjähriges Flüchtlingskind in die SBZ, besuchte in der DDR die Oberschule und entschied sich 1954 für das Studium der marxistisch-leninistischen Philosophie. Diese Entscheidung ist, zur Erklärung für Andersdenkende, vergleichbar mit der eines jungen Katholiken für den Priesterberuf, besser noch, für den Eintritt in den Jesuitenorden. Wie dieser Orden gebar auch das Philosophiestudium sowohl die heftigsten Apologeten als auch die profundesten Kritiker der zur Macht geronnenen Lehre. B. entwickelte sich zu letzterem.

Als Redakteur einer Dorfzeitung im Oderbruch nahm er teil an der Kampagne gegen die private Landwirtschaft, wechselte an die Zeitung der Universität Greifswald und wurde danach Referent bei der Gewerkschaft Wissenschaft. Seine Konversion begann mit seiner Tätigkeit als stellvertretender Chefredakteur der FDJ-Zeitschrift »FORUM«. Diese Wochenzeitung war das Zentralorgan für Studenten und junge Wissenschaftler. Ihre Redakteure saßen ständig zwischen zwei wackligen Stühlen. Auf dem einen saß die durch das geistige Unterangebot der offiziellen Propaganda frustrierte junge Intelligenz der DDR, die vom Sozialismus zu überzeugen war, und auf dem anderen hockten die intelligenzfreien Zensoren des FDJ-Zentralrates. Die Geschichte des »FORUM« ist die des Kampfes zwischen Geist und Macht in der DDR. Die Macht hat immer wieder gewonnen und beförderte B. Ende der sechziger Jahre zur »Bewährung« in die Produktion, in eine Berliner Gummifabrik.

Hier faßte er seine bisherigen Erfahrungen in dem Buch »Die Alternative« zusammen, ließ es im Westen erscheinen, gab dazu Interviews und wurde, nachdem die DDR-Justiz schnell die entsprechenden Paragraphen gebastelt hatte, verhaftet und zu acht Jahren Gefängnis verurteilt. Dort wurde er als prominent Gewordener kulant behandelt und nach einem Jahr aufgrund westlichen Dauerfeuers in die BRD entlassen.

Im Westen heimatlos geworden, wandelte er unverstanden zwischen Grünen und Bhagwan-Jüngern, ließ sich an der Uni Hannover seine in der DDR abgelehnte marxistische Doktorarbeit abstempeln und reiste als Wanderprediger von einer Kanzel zur anderen.

Das Werk vieler Philosophen der Vergangenheit zerfällt in zwei unterschiedliche Phasen: in eine realistische Sturm- und Drangperiode, die von der Veränderbarkeit der Welt ausgeht, und in eine resignierende religiöse Spätphase, die alles auf Gott, eine absolute Idee oder den »Menschen an sich« schiebt.

B. beweist sein Alter wöchentlich an der Humboldt-Uni in Berlin an einem für ihn eingerichteten Lehrstuhl in zunehmend unverständlicher werdenden Vorlesungen. Seine Kassandra-Rufe einer bevorstehenden Apokalypse, eines ökologischen Welt-Kollapses, teilen das Schicksal jeglicher Vernunft: man wird sich ihrer erinnern, wenn es längst zu spät ist.

Dieses
Plaka
enthä
eine
Dieses
Plak
enthält
eine
Ein ganz
heißer

Bergmann-Pohl, Sabine, geb. Schulz

Die Chefarzttochter Sabine, geb. 1946, wuchs in einer Villa in Eisenach, später in Ruhla/Thüringen, auf, nach dem Wechsel des Vaters nach Berlin bezog die Familie eine Villa in Berlin-Karlshorst und kaufte sich schließlich eine Villa in Berlin-Karow. Nach dem Abitur und einem Praktikum an der Charité studierte sie Medizin, promovierte und wurde Fachärztin für Lungenheilkunde. Sie wirkte im entsprechenden Forschungsinstitut Berlin-Buch, wurde 1980/1981 Mitglied der CDU und Tbc-Chefin im Krankenhaus Berlin-Friedrichshain.

1985 ernannte man sie zur Leiterin der Bezirksstelle für Lungenkrankheiten und Tbc in Berlin, Hauptstadt der DDR. Seit 1973 unternahm sie vielfältige Privat- und Dienstreisen in die BRD bzw. ins westliche Ausland. In dem 1991 im Ullstein-Verlag erschienenen Buch »Abschied ohne Tränen«, das sie vom Springer-Journalisten D. v. Thadden über sich schreiben ließ, beklagt sie die Repressalien des SED-Regimes, die sie erdulden mußte:»Im Beruf konnten wir uns als Folge der schlechten Rahmenbedingungen und der sozialistischen Kommando-Wirtschaft kaum entfalten… Wer blieb, mußte sich erheblich mehr anstrengen, um zu überleben. Sich tagtäglich zu arrangieren, forderte eine ganze Menge Intelligenz… Ein Beispiel: Mir sprang zu Silvester 1988 ein Wildschwein ins Auto und beschädigte es schwer, für mich als Ärztin (!) eine Katastrophe. Ich habe wochenlang versucht, einen Werkstatt-Termin zu bekommen, und es gelang auch nur, nachdem ich einen größeren Geldschein über den Tisch geschoben hatte. Dann deckte der Sturm einen Teil unseres Daches ab; wochenlang hat es gedauert, bis ich einen Dachdecker bekam…« (S.83/84)

Benannt wurden in diesem Buch auch die Quellen der von ihr »geforderten Intelligenz«. Die Grundlagen ihrer Weltanschauung legten in ihrer Jugend, wie zu lesen ist, die Sendungen des RIAS »Die Insulaner« und »Schlager der Woche«.

Ausgerüstet mit diesem Wissen, übernahm sie 1990 für knapp acht Monate die Ämter der Volkskammerpräsidentin und der Staatsratsvorsitzenden der DDR. Während dieser durch häufige Auslandsgastspiele unterbrochenen Ämterwahrnehmung sehnten sich viele Noch-DDR-Bürger in jene Zeit zurück, da der Achtklassenschüler Honecker sie repräsentierte.

Heute ist B. Mitglied im Bundestag und Staatssekretärin im Bundesgesundheitsministerium.

Bergner, Christoph

Nach der Einführung der braunen Frühstückseier und der Umwandlung der Bezirke Halle und Magdeburg zum altdeutschen Land Sachsen-Anhalt stellte sich heraus, bzw. wurde herausgestellt, daß die Haupterzeugnisse dieser Landschaften wie Weizen, Kali sowie Plaste und Elaste nicht mehr vonnöten waren. In dem dadurch entstandenen kollektiven Freizeitpark suchten viele angehaltene Sachsen nach neuen Zerstreuungen. Wer den Ölgestank einer Imbißbude nicht vertrug, das Klinkenputzen als Versicherungs-Agent unter seiner Würde fand, ging in die Politik, oder feiner gesagt, übernahm politische Verantwortung.

Einer davon ist der 1948 in Zwickau geborene B.

Er ist einer der zahlreichen ehemaligen Rinderzüchter in diesem Geschäft. Anders als seine Züchterkollegen *Diestel* oder *Gysi*, um nur zwei bekannte zu nennen, widmete er sich nach der Lehre nicht wie diese dem Studium der Rechte seiner Rindviecher, sondern, wie man Futter für sie besorgt, B. studierte in Jena und Halle Agrarwissenschaft. Dies tat er in weiser Voraussicht sehr gründlich, promovierte sogar zu Fragen der Futterbeschaffung, was ihm jetzt, da dies die Hauptaufgabe von sächsisch-anhaltinischen Politikern zu sein scheint, zugute kommen wird. Nachdem seine Import-Parteifreunde, B. ist seit 1971 unauffälliges Mitglied der CDU, sich etwas auf den saftigen Bördeweiden überfressen hatten, um im Bild zu bleiben, fühlten sich nun Einheimische berufen, den Rest abzugrasen. Auf einer dramatischen Sitzung des Landtages, auf der viel geweint wurde, weil einige Masochisten die Weiden sperren, d. h. vernünftigerweise den Landtag auflösen wollten, wurde, um »die Demokratie zu retten und die Ideale des Herbstes 89 nicht zu verraten«, der CDU-Fraktionschef B. zum Ministerpräsidenten gewählt. Damit hat das Land Sachsen-Anhalt einen Meilenstein zum vereinten Europa gesetzt und sich der Moral italienischer Politiker zielstrebig genähert.

Biedenkopf, Kurt Hans

Die Vita des sächsischen Ministerpräsidenten B. ist ein bildhaftes Stück jüngster deutscher Geschichte. Sein Vater, Wehrwirtschaftsführer bei der IG Farben, kam von Ludwigshafen nach Schkopau, sein Sohn besuchte das Gymnasium in Merseburg. Bei dem Ruf: »Die Russen kommen« packte die Familie und zog Richtung West.

1949 ging der Abiturient B. in die USA, um ein Jahr lang Politische Wissenschaften zu studieren, es folgten ein Jurastudium und eines der Volkswirtschaft, die er 1958 als Dr. jur. abschloß. 1963 habilitierte er mit dem für ihn heute wiederverwertbaren Thema:»Die Grenzen der Tarifautonomie«. Bis 1970 lehrte er an der Ruhruniversität Bochum, zeitweilig als deren Rektor.

1971 wechselte B. in die Industrie und wurde Geschäftsführer des Waschmittelkonzerns Henkel. (Lt. stat. Jahrbuch 1972 gaben Henkel und Dash im Kampf um die deutsche Waschfrau so viel aus wie die BRD für die Bildung. Die Folgen sind heute noch spürbar.)

1973 wurde H. Kohl Vorsitzender der CDU und berief B. zum Generalsekretär. Das war gut gemeint, erwies sich aber als Bumerang für Kohl, die Niveauunterschiede wurden hinderlich. Da B. es sich aus gleichen Gründen mit F.J. Strauß verderben mußte, war sein politisches Schicksal besiegelt. 1977 wurde er zur Bewährung an die Basis geschickt und übernahm den CDU-Landesvorsitz in Westfalen-Lippe. Als Oppositionsführer im Düsseldorfer Landtag konnte B. angesichts der Bonner CDU-Politik für seine Partei nur Minuspunkte sammeln, eine Wahlniederlage jagte die andere. Da er die Ursachen öffentlich andeutete, verlor er auch dieses Amt an den ihn an Körper- und Geistesgröße weit überragenden Norbert Blüm. Nach dem Fall der Mauer und dem Ruf:»Die Russen gehen« kehrte B. in seine alte sächsische Heimat zurück und übernahm an der Leipziger Karl-Marx-Universität eine Gastprofessur. Nach einigen Monaten erfuhren dies auch die sächsischen Unionsfreunde durch den Schwaben *Lothar Späth*, der bereits in dieser Gegend missionierte. Sie baten B., die führende Rolle zu übernehmen, B. zickte nicht lange herum und verhalf der CDU zu einem unchristlich hohen Wahlerfolg.

Als Sachsens Ministerpräsident ist er das Zugpferd seiner Ost-Kollegen bei der Durchsetzung der Neuland-Interessen in Bonn. U. a. kritisiert er die miese Treuhandpolitik, fordert eine nachträgliche Beteiligung an den nur vom Osten bezahlten Reparationen und nennt die Zahl von 350 Milliarden DM, die der Westen dem Osten dadurch schulde. Als Intimkenner der westdeutschen Wirtschaft bezeichnet er auch die konkreten Möglichkeiten, dieses und anderes Geld lockerzumachen. Bonner Versuche, den Einigungsvertrag zu unterlaufen, droht er, vor das Verfassungsgericht zu bringen. Die Sympathie für diesen Ausnahmepolitiker der CDU wächst dagegen sogar bei der sächsischen Opposition.

Biermann, Wolf

Nicht zu verwechseln mit dem gleichnamigen ehemaligen Direktor des VEB Carl Zeiss Jena. So geschehen 1976, als Jenaer Jugendliche Unterschriften für W.B. vor den Werktoren des VEB Carl Zeiss sammelten. Die von der Schicht Kommenden unterschrieben bereitwillig in der Annahme, es handele sich um ihren Werkdirektor.

B.s Leben wurde geprägt von einem Mädchen. Sie war Halbwaise, hatte schon früh ihre Mutter verloren. Ihr Vater war in einer antifaschistischen Widerstandsgruppe, der auch B.s Vater angehörte. Nachdem die Gruppe aufgeflogen war, beide Väter verhaftet wurden und ins KZ kamen, holte B.s Mutter die Kleine zu sich nach Hamburg. Dort in der Familie B. wuchs sie auf. B.s Vater wurde ermordet, der Vater des Mädchens konnte sich retten. Nach dem Krieg holte er es und zog mit ihm zurück nach Halle. Hier arbeitete dieses Mädchen, Margot Feist, in der FDJ, kam später nach Berlin und heiratete den FDJ-Chef Erich Honecker.

Margot holte den siebzehnjährigen B. 1953 aus seinen bescheidenen Hamburger Verhältnissen in die DDR und brachte ihn in einem Internat unter. Nach dem Abitur durfte er sich ein Studium auswählen, er schwankte zwischen Politischer Ökonomie, Mathematik, Philosphie, einer Assistenz am Berliner Ensemble und der Liedermacherei. B. war Mitglied der FDJ und der SED.

Die deutsch-deutsche Grenze blieb auch nach 1961 für ihn selbstverständlich durchlässig. Er publizierte in der BRD und gab dort Konzerte. Berühmt wurde er durch eine Kritik an seinen Liedern auf dem 11. Plenum des ZK der SED. In der Folgezeit verfaßte er in der DDR zahlreiche Chanson- und Schlagertexte unter Pseudonym. Unter seinem richtigen Namen erschienen in der BRD Schallplatten und Liederbücher in Höchstauflagen.

1976 verließ er die DDR wieder. In der Zeit zwischen seiner Kritik auf dem 11. Plenum und seinem Verlassen der DDR riß der Kontakt zur Familie Honecker, vor allem das enge persönliche Verhältnis zu Margot Honecker, nicht ab. Sie war stets ein Prüfstein seiner Neuschöpfungen. Wenn sie ihn nicht zu Hause aufsuchte, ging er zu ihr ins Ministerium. B. benötigte weder einen Termin noch einen Passierschein, um der Ministerin vorzutragen. Kurz vor dem Verlassen der DDR hatte er noch ein Gespräch im ZK der SED und einen Besuch Margot Honeckers bei sich zu Hause. (Vgl. »Der Sturz – Honecker im Kreuzverhör«, Aufbau-Verlag Berlin und Weimar 1991, S. 316ff.). Dieser als »Ausbürgerung« bekannt gewordene Umzug verschaffte B. die erhoffte Popularität, erregte aber seinerzeit bei einigen Künstlern und Intellektuellen der DDR Unwillen.

Die ihn öffentlich bekundeten, hatten erhebliche Nachteile, bis hin zur Verhaftung, in Kauf zu nehmen.

B. macht sich heute über sie lustig.

Birthler, Marianne

B. erzeugt Wirbel. Das sind Strömungen, bei denen gewöhnlich etwas untergeht. »In der 9. Klasse trat sie aus der FDJ aus, was einigen Wirbel verursachte«, heißt es in der offiziellen Biographie. Sie ging dabei nicht unter, sondern machte normal ihr Abitur. Danach studierte sie Außenhandelswirtschaft. Diesen Beruf durften zu DDR-Zeiten nur Leute ausüben, die eine politisch äußerst keimfreie Kaderakte vorwiesen, zumindest was die unteren Ränge von B. betraf. Als Ehefrau und Mutter von drei Kindern blieb sie zu Hause, konvertierte zum teilweise protestantischen Glauben und ließ sich, wie zu lesen ist, von 1972 bis 1983, also elf Jahre lang, als Katechetin und Gemeindehelferin ausbilden. Das ist eine Ausbildungsdauer, bei der jeder Jesuit vor Neid erblaßt. Im Jugendpfarramt kümmerte sie sich weniger um religiöse Dinge, sondern verursachte wiederum Wirbel, in deren Folge der Untergang der DDR beschleunigt wurde. (Initiative Frieden und Menschenrechte, Protestkerzen, Berliner Kontakttelefon u. ä.).

Im »Bündnis 90« wurde sie in die DDR-Volkskammer gewählt, später in den Brandenburger Landtag. In der *Stolpe*-Ampel übernahm sie das Ministerium für Bildung. Hier wirbelte sie wieder, unter gingen dabei vor allem die Lehrer und Lehrerinnen, die gleich ihr eine äußerst keimfreie Kaderakte hatten und denen es egal war, ob jemand in der FDJ war oder nicht. Vorläufig untergegangen ist aber auch die Unverschämtheit des katholischen Bischofs von Berlin/Brandenburg, ihren Schulen den Religionsunterricht als obligat unterjubeln zu wollen. Selten ein Schaden, wo nicht auch ein Nutzen ist, sagte bereits der Komiker Karl Valentin.

Im Herbst 1992 erzeugte Frau B. ihren vorläufig letzten Wirbel. Der MfS-Führungsoffizier einiger Kirchenleute, Roßberg, soll beim Fernsehsender SAT.1 das Glücksrad gedreht, die Begriffe »Stolpe«, »Orden«, »Villa«, »heimlich« und »Festmenü« erraten und einen Kühlschrank der Marke X, ein Videogerät Y, einen Werkzeugkoffer von Z …und das alles im Werte von soundsoviel Mark gewonnen haben.

Frau B. war entrüstet über SAT.1, Herrn Stolpe, Herrn Roßberg wahrscheinlich auch, und trat von ihrem Ministeramt zurück. Sie wollte damit ein Zeichen setzen. Leider war es bisher niemandem vergönnt, dieses zu verstehen, selbst ihr nicht. Oder doch? Die Bündnis-Grünen wählten sie im Frühjahr 1993 zur Bundessprecherin. Bei einem voraussichtlichen Wahlsieg 1994 darf dann von weiter oben gewirbelt werden.

Bisky, Lothar

Ein von B. 1985 verfaßtes Buch über westliche Medien heißt: »The show must go on«. Dieser Losung fühlte er sich im Januar 1993 verpflichtet und übernahm den Vorsitz der PDS.

B., Jahrgang 1941, studierte nach dem Abitur Kulturwissenschaft in Leipzig. Früh wurde er Mitglied der FDJ und der SED.

Seit 1965 arbeitete er im Zentralinstitut für Jugendforschung in Leipzig. Die Ergebnisse dieser demoskopisch-soziologischen Arbeit über die ideologische Situation der DDR-Jugend wurden von den Abteilungsleitern der FDJ und SED aus Rücksicht auf die Gesundheit ihrer Chefs in Panzerschränken verschlossen.

B. promovierte 1969 zu einem soziologischen Thema und habilitierte 1975 zu Problemen der Journalistik. Seit 1978 lehrte er als Dozent bzw. Professor an der Akademie für Gesellschaftswissenschaften, bis er 1986 zum Rektor der Hochschule für Film und Fernsehen in Potsdam-Babelsberg berufen wurde. Als solcher wurde er Mitglied bzw. Vorsitzender einiger nationaler und internationaler medienwissenschaftlicher Organisationen.

Seit November 1989 ist er politischer Funktionär.

Zunächst wenige Wochen der letzte Abteilungsleiter für Kultur des letzten ZK der SED, wurde er später Mitglied im Vorstand der umgenannten SED/PDS und Fraktionsvorsitzender der PDS im Landtag Brandenburg. Hier wurde er bundesweit bekannt durch den Vorsitz im sogenannten *Stolpe*-Untersuchungsausschuß.

In öffentlichen Gesprächsrunden benimmt sich der Prof. Dr. Dr. recht ungewöhnlich. Er besitzt die aus der Mode gekommene Tugend des Zuhörenkönnens. Nach seiner Meinung gefragt, geht er auf die Denkweise der Fragen und Vorwürfe ein, auch wenn sie noch so idiotisch ist, und gibt ihr in gewissen Ansätzen immer auch recht. Dabei gelingt es ihm meisterhaft, sein bisher angesammeltes Wissen teilweise zu verbergen, um bei den Gesprächspartnern keine Minderwertigkeitskomplexe hervorzurufen. Mit dieser Art sammelte er bisher ausschließlich Pluspunkte für sich, selbst bei den Gegnern seiner Partei.

Den größten Coup mit dieser Methode landete B. in seiner ersten Rede als Vorsitzender der PDS. Als Begründung, warum er dieses Amt angenommen habe, sagte er, es sei der Stolz gewesen, die Nachfolge des mutigsten, sympathischsten und schlagfertigsten Politikers von Deutschland antreten zu dürfen.

Was B. für ein deutscher Politiker ist, wird sich noch zeigen.

Böck, Willibald

B. ist Katholik von besonderer Güte, er ist ein »Eichsfelder«. 1946 in Bernterode geboren, besuchte er bis 1961 die Oberschule in Worbis und ging als einer der wenigen Eichsfelder Abiturienten nicht aufs Priesterseminar nach Erfurt, sondern an die dortige Lehrer-Hochschule »Dr. Theodor Neubauer«.

Im Eichsfeld knien die Katholiken im Schoß der Kirche. Alle sind katholisch. Ave-Läuten, Sonntagsmesse, Beichte (»der ist wieder nicht zur Kommunion gegangen«), Marien- und Rosenkranzmonat bestimmen das Leben. Wer etwas sein will, tritt einem »Dritten Orden« bei, einer Laiengemeinschaft, die einem regulären Orden zugeordnet und mit besonderen religiösen Pflichten verbunden ist. Gebetet wird, bis die Suppe kalt ist.

Verschlägt es einen Eichsfelder aber in die Diaspora, fällt dieses ganze Brimborium wie ein Stein von seinem Herzen. Die meisten betreten nie wieder eine Kirche, aber nach kurzer Zeit fehlt ihnen etwas, es wird kühl, ein neuer Schoß muß her.

Der Lehrerstudent B. trat in die FDJ und in die sich christlich nennende Plattform der SED, die CDU, ein. In Dingelstädt und Deuna versuchte der Zeichen- und Deutschlehrer B., aus den verstockten Eichsfeldern allseitig gebildete sozialistische Persönlichkeiten zu machen. 1984 gab er auf. »Er wurde zum Bürgermeister seiner Heimatgemeinde Bernterode gewählt«, heißt es offiziell. Das ist nur bedingt richtig. »Gewählt« wurde bekanntlich das Set der Nationalen Front, die SED gab danach ein paar Ämter an die »befreundeten Parteien« ab, bestimmte aber, wer sie besetzte.

B. war der richtige Mann, bis zum bitteren Ende.

Danach fuhr er zum Sonderparteitag der CDU, wurde Stellvertretender Landrat in Worbis, Abgeordneter der Volkskammer, Chef der CDU Thüringens und gedachte, Ministerpräsident zu werden. Die hessische (!) CDU steckte B. in die zweite Reihe und bestimmte den Gothaer *Duchac* (offiziell: »...auch auf Anregung der hessischen CDU...«). B. wurde Innenminister Thüringens. Er und sein Unionsfreund Duchac wurden in eine sogenannte Raststätten-Affäre verwickelt. Bis heute wurde die Sache nicht restlos aufgeklärt, denn bekannt ist, daß Autobahn-Raststätten ausschließlich Bonner Angelegenheit sind.

Eine Rolle dabei spielten ein Raststätten-Hesse, ein evangelischer Pfarrer aus Beichlingen, ein Maler des »Neuen Forum« und ein Geldbetrag, den man heute für einen Politiker eher als popelig bezeichnen würde.

Die »Raststätten-Affäre« kostete B. den Ministersessel und das Amt des Thüringer CDU-Chefs. Dieses nahm sich im Januar 1993 der Import-Ministerpräsident *Bernhard Vogel*.

»Willi der Hammer«, wie er im Eichsfeld genannt wird, klopft seine Sprüche jetzt nur noch im Worbiser Landtag.

Böhme, Ibrahim Manfred

In jedem Betrieb gibt es sogenannte Springer, variable, multibegabte Leute, die dort eingesetzt werden, wo gerade jemand fehlt (vergleichbar etwa dem Libero im Fußball).

So ein Multitalent war B.

1944 geboren, früh Vater und Mutter verloren, aufgewachsen bei Pflegeeltern und in Waisenheimen. Nach dem Abschluß der 10. Klasse, einer Lehre als Maurer, dem Abitur auf der Abendoberschule und einem Fernstudium in Deutsch, Geschichte und Ökonomie zeigen auch seine weiteren Betätigungsfelder, wie vielfältig seine Aufgaben waren: Erzieher im Lehrlingswohnheim Leuna, Bibliothekar in Greiz, Mitarbeiter im Post- und Fernmeldewesen, Kreissekretär des Kulturbundes in Greiz, Dramaturg im Theater Neustrelitz, Sägewerker, Dolmetscher, Küchenhilfe, Friedhofsgärtner. Je nach Anforderung trat er ein bzw. aus: beim FDGB, der SED, der Ökologie-, Friedens- oder Menschenrechtsbewegung, der Solidarischen Kirche, der SPD. Letztere gründete er am 7.10.1989 im Pfarrhaus Schwante. Er wurde zum Geschäftsführer, später zum Vorsitzenden gewählt. B. wurde trotz seiner Dementis, enge Beziehungen zum MfS gehabt zu haben, in dem Amt als Chef der DDR-SPD durch den Germanisten *W. Thierse* ersetzt und übernahm nach einem nur kurz gewährten Erholungsaufenthalt in Italien die Volkspolizei in Berlin, der Hauptstadt der DDR.

Seit der Vereinigung hört man kaum noch von B.

Bohley, Bärbel

Wie viele DDR-BürgerrechtlerInnen kommt auch B. aus dem Keramikbereich. Überflüssiges Geld bei den Leuten und die einfallslose bzw. überteuerte Keramikindustrie verhalfen einst den Produzenten selbstgekneteter Salzstreuer zu gutem Ein- bzw. Auskommen.

B. wurde auch als Malerin bekannt, als die Bundestagsabgeordnete der Grünen, Petra Kelly, 1987 Erich Honecker bei dessen BRD-Besuch ein dort erschienenes Buch mit Gemälden von B. überreichte. Diese Bilder wurden vom ehemaligen Staatsratsvorsitzenden der DDR und den dafür zuständigen fachkundigen Genossen als »Pour la pour« eingeschätzt, obwohl B., wie sie einmal sagte, sich Käthe Kollwitz und Francisco Goya zu Vorbildern genommen hatte. So verpuffte diese Geschenkaktion wirkungslos auf dem DDR-Kunstmarkt, auf dem es eigentlich nur vier Maler geben durfte: Womacka, Heisig, Mattheuer und Tübke. (Letzterer übrigens, der den Kyffhäuser bemalte und damit zum Millionär wurde, möchte heute seine armen Müntzer-Bauern als geknechtete DDR-Bürger gedeutet wissen.)

Angesichts des so überlasteten Bildermarktes der DDR widmete sich B. schon früh politischen Fragen. »Frauen für den Frieden« hieß ein von ihr gegründeter Verein, der sich gegen die Mittelstrecken-Raketen wandte. Da aber sowohl die »Frauen« durch Inge Lange, Politbüromitglied für Frauenfragen, als auch die Mittelstrecken durch Erich Honecker (»Das Teufelszeug muß weg«) besetzt waren, wandte sie sich Rosa Luxemburg zu. Durch ein geplantes auffälliges Verhalten bei einer der jährlich stattfindenden Luxemburg-Liebknecht-Prozessionen wurde sie vom »Neuen Deutschland« feindlicher Agententätigkeit bezichtigt. Das war Unsinn, konnte nicht sein, denn AgentInnen müssen ja bisweilen die Klappe halten können. Frau B. wurde staatlich belehrt und für ein halbes Jahr nach England geschickt.

Zurückgekehrt, unterschrieb sie einen Aufruf »Die Zeit ist reif« und gründete mit anderen das »Neue Forum«. Bei dessen Hauptaufgabe, das Ministerium für Staatssicherheit so schnell, medienwirksam und hysterisch wie möglich aufzulösen, spielte B. eine führende Rolle. Viele Mitglieder dieses Forums wanderten inzwischen zurück an ihre Brennöfen oder gingen zu den etablierten Parteien bzw. machen im »Bündnis 90« deren Politik.

B.s öffentliche Auftritte sind leider beendet, sie könnte aber von den Dotationen zahlreicher früherer Anerkennungen leben (»Förderpreis des staatlichen Kunsthandels der DDR«, »Karl-Hofer-Preis«, »Bruno-Kreisky-Preis«, »Demokratie-Preis«, »Friedenspreis der methodistischen Kirche«... etc.). Da diese Mittel aber langsam zur Neige gehen, und die Keramik auch nicht mehr das ist, was sie nie war, versucht sie es wieder mit Interviews. Darin fordert die »Jeanne d'Arc des Ostens« die Lösung solch zentraler Fragen wie die Beschaffung einer Berliner Wohnung für den Honecker-Vertrauten *Biermann* und die Strafverfolgung des Rechtsanwaltes *Gysi*.

Breuel, Birgit

B. wurde 1937 als Tochter eines Hamburger Bankiers geboren, der viele Jahre lang Vorsitzender des Industrie- und Handelstages der BRD sowie Chef aller westdeutschen Bankiers war.

Als Mitglied der Partei ihres Vaters, der CDU, beendete sie ihre politische Karriere in der alten Bundesrepublik als Wirtschaftsministerin Niedersachsens.

Nach der Einrichtung der Institution Treuhandanstalt wurde sie Vizechefin und rückte nach der Ermordung des Präsidenten *Rohwedder* auf dessen Platz.

B.B. gibt vor, die Interessen der ihr zu treuen Händen Anvertrauten zu vertreten, die sie als »Humankapital« bezeichnet (FAZ). Selbst wenn sie es wollte, könnte sie das nicht, denn Frau B. ist Mitglied in zahlreichen Aufsichtsräten, u.a. der Volkswagen AG, der Salzgitter AG, der Bremer Landesbank, der IBM, Direktorin der britischen Pharmagruppe Smith Kline Beechem plc. ... usw.

Brie, André und Michael

Dieses Brüderpaar zog in den letzten DDR-Jahren als Wanderprediger durch Kultur-, Studenten- und andere intelligenzfreundliche Klubs, um in Vorträgen zum Entsetzen ihrer Zuhörer das Ende des realen Sozialismus zu verkünden. André tat dies mit Rüstungs- und Umweltzahlen, Michael mit der Meßlatte moderner Industriegesellschaften. Die SED reagierte auf dieses Treiben ihrer beiden Mitglieder seltsamerweise nicht wie die katholische Kirche auf ihre Drewermänner, sondern ließ sie nach einzelnen Ermahnungen weiterpredigen. Es schien wohl sowieso schon alles zu spät.

Die beiden Bries sind Diplomatenkinder. Sie wuchsen in China und Nordkorea auf. André B. (geb. 1950) studierte auf der Potsdamer Diplomatenschule Außenpolitik, promovierte und lehrte dort, bis sie geschlossen wurde.

Michael B. (geb. 1954) studierte Philosophie in Leningrad und Berlin, legte die A- und B-Promotion ab und wechselte nach ständigen »Revisionismus«-Vorwürfen von der Humboldt-Universität in das Ministerium für Hoch- und Fachschulwesen, wo man anscheinend nicht ganz so rechtgläubig war.

Nach dem Ende der alten SED engagierten sich beide in der erneuerungswilligen SED/PDS mit dem Ziel, einen »dritten Weg« einzuschlagen. Für diesen vermeintlichen Ausweg fand sich aber kein dafür nötiger dritter Mann, und so blieb die PDS in der Einbahnstraße des Kapitalismus lediglich ein lästiges Verkehrshindernis. André B. wurde stellvertretender Bundesvorsitzender und Chef der Berliner PDS.

Michael B. trat nach dem mißglückten Drittweg aus dem Vorstand der PDS aus, kehrte an die Humboldt-Uni zurück, wurde Professor und bekam einen Lehrstuhl für Sozialphilosophie.

Beide hielten es für notwendig mitzuteilen, daß ihre frühere Auffassung von einem sozialistischen Staat ihre Mitarbeit bei dessen Sicherheitsnadeln nicht ausschloß. Neben dem Lob, das sie damit dieser Organisation nachträglich, aber unverdient, zukommen ließen, handelten sie sich gemäß heutiger Gepflogenheiten Ärger und einen gestiegenen Bekanntheitsgrad ein. Michael verlor seinen Lehrstuhl, André den Vorsitz der Berliner PDS.

Beide sind nach wie vor linke Vordenker und Schreiber. André B. versucht dies auch aphoristisch, seine Witze erklären aber kann er weitaus besser.

Dienel, Thomas

D. wurde im Jahr des Mauerbaus 1961 in Thüringen geboren, ist also ein Kind der DDR. Seine Welt bestand aus den Begriffen DDR, FDJ, SED, NVA, VP und HO. Er war vernarrt in die damit genannten Vereine: Bei der HO Koch gelernt, half er der DDR bei den Wahlen, als FDJ-Sekretär gewann er viele neue Mitglieder, als Genosse holte er sich theoretisches Rüstzeug auf der Bezirksparteischule der SED, war freiwillig drei Jahre bei der NVA, VP-Helfer und Chef der FDJ-Ordnungsgruppe. Ein guter Sozialist, hoffnungsvoller Kader, Funktionär der dritten Generation.

Eine Erwartung am Ende der DDR bestand darin, daß diese Kaste nunmehr irgendeiner halbwegs sinnvollen Tätigkeit nachgehen könnte. Aber Arbeitsplätze sind rar, viele sind weiter politisch aktiv, agitieren »Sozialismus«. Schon damals meinten sie damit keine weltweit gerechte Gesellschaftsordnung, sondern nur ihr Wohlbefinden in ihrer Begrenztheit oder, wie es zum Schluß hieß, den »Sozialismus in den Farben der DDR«, nationalen Sozialismus.

Einige Worte haben sich geändert. Der »Gegner« heißt nun »krimineller Asylant«, der »Klassenfeind« ist der, »dessen Eltern nicht deutscher Abstammung sind«, und Marxismus-Leninismus verwandelt sich in eine »abendländische Kultur und Religion«. Gleichgeblieben ist der alte NVA-Befehl: »Jeder Schuß ein Treffer!« Mielkes angeblich geplante Sammellager sollen doch noch entstehen: »...ausländische Arbeitnehmer sind in Arbeitslager zu sammeln und zum Wohle der Volksgemeinschaft zu beschäftigen.«

Solche Losungen durfte der pausbäckige Thüringer Lockenkopf zunächst ungestraft über deutsche Fernsehsender verbreiten. inzwischen wurden einige der 73 Naziorganisationen verboten und D. selbst wegen dummdreister Volksverhetzung Ende 1992 zu zwei Jahren Haft verurteilt.

Der frühere polnische Parteichef Jaruzelski sagt in seinen Memoiren: »Wir haben versucht, linke Utopien mit rechten Mitteln durchzusetzen.« Eine späte, aber wahre Erkenntnis, nur wie entsorgt man das jetzt?

Es gibt ein Rezept, es stammt von Cicero: »Politische Verbrechen sind zu bestrafen, bevor sie begangen werden, danach ist es zu spät.« Frühere Gymnasiasten, also die heutigen West-Politiker, kennen den Spruch, sie wenden ihn auch an, auf die Linken. Deshalb mehrt sich der Verdacht, daß hinter diesem gesamteuropäischen Rechtsruck Pläne und Absichten stecken.

Geschichte verläuft wie das Lied »Wenn der Topp aber nun ein Loch hat...«, immer wieder von vorn, aber immer eine Tonart höher. Man könnte auch an das Bild der Spirale denken, aber das ist von Lenin, und der wurde auch deshalb ganz eilig abgerissen.

Diestel, Peter Michael

D. ist konservativ. Zunächst biologisch. Einen beträchtlichen Teil seines Lebens hat er bereits damit verbracht, durch Wälder zu eilen oder eiserne Gegenstände zu heben, um damit, wie er glaubt, seinen Körper zu konservieren. Geistig bewies er seinen Konservatismus durch die Wahl eines Jurastudiums: Sinn von Recht und Gesetz ist es, bestehende Verhältnisse zu bewahren, zu konservieren. Auch sein Vater ist konservativ: Offizier, zunächst bei den Nazis, später bei der Nationalen Volksarmee der DDR.

D. arbeitete Ende 1989 als Justitiar einer Agrargenossenschaft im Kreis Delitzsch. Ein Mandant vermittelte ihm die Bekanntschaft des Pfarrers der Leipziger Thomaskirche, *Ebeling*, mit dem er die CSPD, später DSU, gründete und deren Generalsekretär er wurde. Als solcher kam er in die Volkskammer und wurde in der Regierung *de Maizière* Innenminister. D. übernahm die Leibwache sowie die beiden gepanzerten Citroëns des ehemaligen Generalsekretärs des ZK der SED und Vorsitzenden des Staatsrates der DDR, Erich Honecker. Mit diesen Utensilien ließ sich D. im Mai 1990 nach Beelitz/Heilstätten fahren, um seinem ehemaligen Staatschef einen Besuch abzustatten. Die Unterredung verlief in freundschaftlicher Atmosphäre, gegenseitigem Einvernehmen und ohne Resultat natürlich.

Als Innenminister oberster Hüter von Recht und Ordnung hatte er den »Rübe runter«-Rufen seiner DSU-Parteifreunde zu wehren. Als sie ihm zu laut wurden, wechselte er zur CDU.

Nach Beendigung der DDR wurde D. Spitzenkandidat dieser Partei bei den Wahlen im Land Brandenburg, gegen den ebenfalls konservativen SPD-Mann *Manfred Stolpe*.

D. verhalf seiner Partei immerhin zu, für dieses Land wohl einmalig bleibenden, 29,4 Prozent der Wählerstimmen. Als Fraktionschef der CDU und Oppositionsführer im Brandenburger Landtag schluckte er zu oft unwidersprochen vernunftähnliche Entscheidungen der Regierung Stolpe und erregte dadurch Mißfallen in der Bonner CDU-Spitze. Die ersetzte ihn durch den Westberliner Ulf Fink, der es innerhalb weniger Monate schaffte, das Ansehen der CDU in Brandenburg unter die 5-Prozent-Marke zu drücken (Verfassungsentscheid). Aus Rache errichtete D. im Sommer 1992 mit dem ebenfalls als Rinderzüchter und Juristen bekannten Halbkonservativen *Gregor Gysi* eine »Komitee für Gerechtigkeit« genannte ostdeutsche Klagemauer. Nachdem diese neue Mauer mehr zusammenfiel als aufgebaut wurde, beabsichtigt D. nach dem Vorbild der mit Ostprodukten erfolgreich handelnden Ladenkette »Parkmarkt« eine Ostpartei zu gründen.

D wie

Duchac, Joseph

Der ehemalige Ministerpräsident Thüringens D. kam 1945 als siebenjähriger »Sepp« mit seinen Eltern aus dem sudetendeutschen Bad Schlag ins thüringische Gotha. Er wurde Ministrant und, weil die Amis Thüringen räumten und die Sowjets kamen, auch Junger Pionier. Nach Schule und Abitur fuhr er täglich mit der Waldbahn nach Waltershausen zu einer Arbeit, die ihm lag und die auch sein späteres Leben prägte: er produzierte Gummi. Nach einem entsprechenden Studium (Plaste und Elaste) wurde er Dipl.-Ing., Leiter dieses Gummibetriebes und Mitglied der CDU. 1986 wechselte er in eine andere Gummibude, den Rat des Kreises Gotha. Dort war er hauptverantwortlich für keine Wohnungen und den Abriß fast des gesamten historischen Stadtkerns dieses geschichtsträchtigen Residenzstädtchens. (Erste Erwähnung: 775 schenkte Karl der Große Gotha dem Kloster Hersfeld.)

Auch beim Abriß des übrigen Teils der DDR spielte D. eine hervorragende Rolle. Im Oktober 1989 übernahm er den Kreisverband Gotha der CDU, kam in den DDR-CDU-Vorstand, wurde im Juni 1990 Regierungsbevollmächtigter des Bezirkes Erfurt und im Oktober 1990 für das neue Land Thüringen. Im November 1990 avancierte er schließlich zu dessen Ministerpräsident.

Landesweit, aber ungerechterweise, belächelt wurde D. allerdings wegen anderer hervorragender Rollen. Auf einer Festveranstaltung im Kulturhaus Gotha zum 40. Jahrestag der DDR trug er vor etwa 200 geladenen Ehrengästen als Rezitator voll Inbrunst die Lobeshymne »Der Staat« von J.R. Becher vor. In diesem Gedicht steht aber kein Wort von der DDR, sondern nur etwas über einen »von allen frei gewählten« und »geliebten Staat«. D. hatte sicher den kommenden Staat im Sinn. Auch sein jahrelanges Wirken als Conferencier bunter Programme in Erholungsheimen der Genossen des MfS sollte man elastisch deuten: die Kunst, Leuten, die nichts zu lachen hatten, Witze zu erzählen, war gut für seine späteren Funktionen.

Kohls Wahlversprechen auf dem Erfurter Domplatz, in kurzer Zeit die Thüringer in Wohlstand zu versetzen, konnte D. nur für sich und seine Minister durch angemessene Gehälter verwirklichen. Nach einer Menge Kabalen wurde er durch einen ebenfalls erfolglosen, aber westdeutschen Gebrauchtpolitiker, den Chef der »Konrad-Adenauer-Stiftung«, *Bernhard Vogel*, im Amt abgelöst. Als Trostpflaster bekam er von ihm einen hochdotierten Chefposten in dieser CDU-nahen Bildungsstiftung in Lissabon. Wen er dort zu welcher Bildung anstiften soll, wird auch ihm nicht ganz klar sein.

Ebeling, Hans-Wilhelm

In einem, was Zahlen und Daten betrifft, peinlich genauen Biographiewerk (dem »Munzinger-Archiv«) liest man über ihn:

»E. ist etwa 1935 geboren und stammt aus dem Spreewald. Er studierte Theologie und wurde um 1965 als Pfarrer ordiniert. Seit rund zwölf Jahren wirkt er an der Leipziger Thomaskirche. E. hat all die Schwierigkeiten geteilt, die der Kirche im SED-Staat erwuchsen. Im Sinne einer Art Arbeitsteilung wurde in Leipzig allerdings nicht die Thomaskirche, sondern die Nikolaikirche zum Forum der basispolitischen Gebetsstunden, aus denen heraus sich die machtvollen Demonstrationen entwickelten.«

Diese offiziellen Angaben können ergänzt werden:

E. wurde am 15. Januar 1934 in Parchim (Mecklenburg) als Sohn eines Berufsoffiziers geboren. Nach Grund- und Oberschule in Forst (Lausitz) 1952 Abitur, 1954 Schlosser im RAW Cottbus, danach Studium Maschinenbau an der TU Dresden. 1957 Wechsel zum Theologiestudium nach Leipzig, bis 1964 Vikar in Vetschau, bis 1976 Pfarrer in Lieberose bei Frankfurt (Oder) und seitdem an der Leipziger Thomaskirche.

Wahr ist an der offiziellen Biographie, daß er die Schwierigkeiten, die die Kirche mit dem SED-Regime hatte, teilte. Den unangenehmen Teil überließ er anderen. Die o. g. Arbeitsteilung bestand darin, daß vor drohenden Gebetsstunden seine Kirchentür abgeschlossen war.

Erst nachdem klar war, daß das »SED-Regime« am Ende war, ließ er sich als Pfarrer beurlauben, eilte in die Politik nach vorn rechts und gründete eine Christlich Soziale Partei Deutschlands (CSPD), die sich nach seinen Blitzbesuchen in München und Bonn im Januar 1990 mit anderen Türschließern zur DSU vereinigen mußte. Nach den Wahlen zog er in die Volkskammer und bekam in der Regierung *de Maizière* den Posten als Minister für Wirtschaftliche Zusammenarbeit.

Bekannt wurde E. Anfang 1990 durch seinen ehemaligen privilegierten Lebensstandard, der keinesfalls einem evangelischen Pfarrer in der DDR entsprach.

Nach der Vereinigung entschwand E. von der politischen Bühne.

Eggert, Heinz

Der Pfarrer der Bergkirche Oybin und Seelsorger der Zittauer Energiestudenten ist anfänglich bekannt geworden durch seine »Enthüllungen« der DDR-Psychiatrie. Nach dem von ihm und den Medien hinterlassenen Bild griff sich die Stasi Verdächtige, lieferte sie in die Irrenanstalt ein und ließ sie dort mit Medikamenten umbringen. »Die Wende hat mir das Leben gerettet«, ist E.s bekanntester Ausspruch dazu.

E. war nach eigenem Bekunden jahrelang freiwilliger Patient der Psychiatrie. Worin die Krankheit des 1946 geborenen Theologen bestand oder besteht, unterliegt dem ärztlichen Beichtgeheimnis und hat niemanden zu interessieren. Es sei denn, er macht sie selbst öffentlich. Als sich E. in der Psychiatrie das erste Mal vorstellte, kam er nach Großschweidnitz, der Klapsmühle des Bezirkes Dresden. Sie stammt noch aus Kaiser Wilhelms Zeiten. Sicher erhielten die Ärzte dort auch Hinweise des MfS, die E. als »verrückt« bezeichneten. Wenn ein Pfarrer ständig im Studentenklub sitzt und dem FDJ-Sekretär laut erklärt, daß der Sozialismus keinen Pfifferling wert sei, mußte er in ihren Augen nicht alle Tassen im Schrank haben.

Im Herbst 1989 wurde E. Mitglied des »Neuen Forum«. Der Landrat, zu Unrecht als »Pfarrer Gnadenlos« bezeichnet, kämpfte verbissen gegen den Untergang seines sächsischen Zipfels. Die Unionsfreunde Sachsens freuten sich, als sie das Energiebündel in ihren Reihen wußten. Er wurde Innenminister. Jüngst wählte man ihn zum stellvertretenden CDU-Bundesvorsitzenden. Als solchen konnte man ihn im Fernsehen reden hören und sehen. Die Ärzteschaft von Großschweidnitz, von ihm verklagt, ist gerichtlich rehabilitiert worden und denkt nun ihrerseits daran, ihn zu verklagen. So geht das nun einmal zu in der Psychiatrie.

Emmerlich, Gunther

Es gibt viele aus Neid geborene Witze der Künstler über ihre Kollegen Sänger. Der harmloseste: dumm, dümmer, Tenor. Alle diese Witzchen, vor allem, wenn sie von Kollegen gemacht werden, sind sehr unfair. Ein Musiker spielt sein Zeug vom Blatt, ein Schauspieler braucht sich nur seinen Text zu merken, aber ein Sänger, Opernsänger gar! Melodie, Text, dann bei welcher Arie wann den linken Arm hoch, wann den rechten, wann muß man hinzutreten, wann wieder hinweg? Was für Aufgaben!

E. ist Sänger, Opernsänger, manchmal auch Operetten-, Musical oder Schlagersänger. Er scheint alles zu singen was klingt, im Beutel. Das ist gut so. Weniger angenehm ist er, wenn er moderiert, Texte erfindet. Schon früher langweilte er damit. Da aber Langeweile verbreiten die Hauptwaffe des DDR-Fernsehens war, durfte E. dort showkolieren, dann ging es im Einheitsfernsehen Gunther und drunter. Aber auch das wäre noch zu ertragen, weil abzuschalten.

Nicht mehr abschalten können einige Kollegen von E. Sie sollen der Stasi E.s geplante Umsturzversuche gepetzt haben. In Dresden wird man dafür vom Theaterchef entlassen und kriegt Hausverbot. So liest man es in der Zeitung und wird mißtrauisch. Warum macht E. solchen Wirbel um sich? Er hat doch alles, was er unter Honecker auch hatte: Engagement, Muggen, Shows. Er kann doch, wie im Sozialismus, weiter zur planmäßigen allgemeinen Verblödung beitragen, und er kriegt dafür sogar noch mehr als früher!

Zu DDR-Zeiten war er beileibe nicht der unbegabteste Baß. Nun aber sind die Grenzen auf, Arien werden auch in Dresden für DM geschmettert, die schönsten Stimmen der Welt fliegen ein, gewaltige Donnerbässe singen Probe. Muß man dagegen Barrikaden bauen?

Eppelmann, Rainer

Wie Jesus wurde E. als Sohn eines Zimmermanns geboren, allerdings 1943 Jahre nach ihm und nicht in Bethlehem, sondern in Berlin. Die ersten dreißig Jahre beider liegen im Dunkeln. E. aber berichtet, in dieser Zeit in Westberlin zur Oberschule gegangen zu sein, nach dem Bau der Mauer Dächer gedeckt, Maurer gelernt und den Armeedienst verweigert zu haben. Für letzteres hätte er acht Monate gesessen. Danach studierte er evangelische Theologie.

Mit dreißig Jahren trat er, wie Jesus, in die Öffentlichkeit und wurde Pfarrer oder, biblisch, »Arbeiter im Weinberg des Herrn«.

Schon der erste Weinberg, in den der Herr ihn schickte, war für beide ein Reinfall. Er hieß Samariterkirche. Wer waren die Samariter? Für die Anhänger Jesu, die Judäer, waren die Samariter Todfeinde. Deshalb erfand Jesus für sie das Gleichnis vom barmherzigen Samariter:

Ein Samariter fand am Wegrand einen ausgeplünderten, zusammengeschlagenen Judäer. Er wusch und verband dessen Wunden, brachte ihn zum nächsten Dorf und sorgte für seine Genesung.

Zugegeben, ein noch heute unpopuläres Gleichnis, vor allem für E. Statt die Wunden seiner Todfeinde zu waschen und zu verbinden, streute er Salz hinein. Das tat weh, auch seinen Oberwinzern. Sie boten ihm einen anderen Weinberg in Mecklenburg an als Vorarbeiter, d. h. als Superintendent.

E. überlegte: Konnte er angesichts der DDR-Straßen den ARD- und ZDF-Korrespondenten diese Strapaze zumuten? Nein. E. lehnte ab und blieb für die Funktionäre von Kirche und Staat die Inkarnation des Leibhaftigen.

Im Oktober 1989 gründeten E., sein Mitbruder *Schorlemmer* und der Rechtsanwalt *Schnur* den »Demokratischen Aufbruch«. Für E. bedeutete dies einen Aufbruch aus seiner Pfarrerwohnung in die Villa des Verteidigungsministers der DDR. In diesem Amt überführte er die Söldner in den Reihen der NVA in die »Bund« genannte Fremdenlegion. Als Dank dafür wählten ihn die Einwohner des Hauptquartiers Strausberg in den Bundestag.

Nachdem sein politisches Licht fast erloschen schien, erinnerte sich Kanzler Kohl an E.s Fähigkeit als Salzstreuer und übertrug ihm eine Kommission, die deutsche Geschichte aufarbeiten soll. Allein schon diese Ankündigung tat vielen weh. Wie recht sie damit hatten, bewies E.s Kommission, sie teilt die DDR-Bürger in drei Kategorien ein: in Schweine, arme Schweine und Eppelmann.

Feiereis, Jürgen

Das sozialistische Bildungssystem hatte neben vielen guten Ansätzen einen, an dem ständig herumexperimentiert wurde und der schließlich zur Idiotie verkam: Es war das Unterrichtsfach »Polytechnischer Unterricht« oder später UTP bzw. ESP, »Einführung in die sozialistische Produktion«.

Die Absicht dieses Faches bestand anfangs darin, den Kindern zu zeigen, daß sie auch zwei Hände haben, ihnen ein Gefühl zu geben für Werkstoffe und Werkzeuge. Man lernte Hobeln, Sägen, Schrauben, Feilen usw. Viele DDR-Bürger erinnerten sich später angesichts chronischer Mängel oft dankbar an diese in der Schule erworbenen Fähigkeiten.

Die Volksbildungsministerin Margot Honecker, die in ihrem Leben nie selbst hobeln oder schrauben mußte, änderte Namen und Inhalt dieses Faches und schickte die Kinder in die Betriebe, wo sie eine Schicht lang ziemlich monotone Arbeitsgänge verrichten mußten.

Damit, so meinte sie, sollte ihnen eine Art Achtung vor der Arbeiterklasse anerzogen werden. Da sie die Arbeiterklasse nur aus Bildbänden kannte, ist ihr das nicht zu verübeln.

Die zu dieser Arbeit mitgeschickten Lehrer waren Fachlehrer für Polytechnik. Auch sie konnten in dieser Kinderarbeit keinen Sinn finden. Sie mußten das aber »unterrichten« und im Betrieb aufpassen, daß sich die Kinder bewegten und nicht irgendwo faul herumstanden. Von ihren Kollegen wurden sie deshalb nicht so recht als Lehrer akzeptiert, oft eher mitleidig belächelt.

Ein solch armer Kerl war Jürgen F. aus Karl-Marx-Stadt. Er war nicht nur Lehrer, sondern Fachberater für Polytechnik, also eine Art Oberaufpasser, oberbelächelt. Wie stolz also muß er gewesen sein, als eines Tages eine Einladung aus Berlin auf seinen Tisch flatterte! Der Hauptvorstand seiner Partei, der CDU, bat ihn zu kommen. Margot Honecker persönlich wollte sich mit ihnen »beraten«.

Es war im Frühjahr 89, die SED-Spitze ahnte ihr Ende und kratzte die letzten Sympathisanten zusammen. Jürgen F. eilte nach Berlin und hielt vor seiner Parteispitze und Frau Honecker einen vor Begeisterung triefenden Vortrag, er wurde Tags darauf ausschnittsweise im »Neuen Deutschland« abgedruckt.

Nach dem Ende der sozialistischen Volksbildung und dem Beginn einer angeblich christlicheren stand die CDU immer noch vor dem gleichen Problem: keine Leute, vor allem keine richtigen. Man nahm, wen man hatte, F. wurde Präsident des Oberschulamtes Chemnitz, Chef aller Lehrer.

Rache ist süß, spricht der Herr. Die aus Dresden kommenden politisch obszönen, deshalb nach Meinung der Gewerkschaft widerrechtlichen Fragebögen für Lehrer wurden von ihm verteilt. Er selbst nahm sich keinen, denn er hätte daraufhin womöglich gehen müssen. Von der Gewerkschaft wurde er darauf hingewiesen, daß nicht nur das Verteilen, sondern auch das Ausfüllen dieser Bögen strafbar sei.

Pappalapapp! »Wer nicht ausfüllt, der fliegt!« war seine schriftliche Antwort. Vielleicht noch mit einem schönen Gruß von Margot.

Fiedler, Wolfgang

Als Walter Ulbricht einst in vertrauter Künstlerrunde nach den inneren Ursachen des 11. Plenums befragt wurde, jener bekannten Antikunstkampagne der SED, antwortete er: »Da hab' ich die Faxen dicke gehabt, auf den Tisch gepocht, und dann lief der Laden wieder, niwa?«

Diese Art Arbeiter- und Bauernpolitik setzt Machtfülle und Dummheit voraus, sie war in der DDR die übliche. Tief eingegraben hat sie sich bei den von ihr Betroffenen, Vorbild scheint sie noch heute für viele sich mächtig Dünkende zu sein. Wie anders wäre das Verhalten des Abgeordneten F. und stellvertretenden Fraktionsvorsitzenden der CDU im Thüringer Landtag zu erklären?

Der 1951 in Jena geborene Wolfgang F. kommt vom Dorf. In Jena lernte er beim VEB Carl Zeiss Mechaniker und wurde Meister der Vorfertigung, eine Art Grobschmied.

So soll er sich auch jetzt in der Politik benehmen. Ahnungslos bis zum Gehtnichtmehr, sagen KollegInnen Abgeordnete, pocht er bei jeder Gelegenheit auf den Tisch, niwa, schmeißt mit rüden Ausdrücken um sich, so recht nach bekannter Arbeiter- und Bauernart. Er ist überall präsent: im Innenausschuß, im Sonderausschuß zur Stasi-Auflösung und im Rechtsausschuß. Rechts, das weiß F., ist das Gegenteil von links, und da hilft nur pochen, immer wieder pochen.

Für seine Unionsfreunde ist er Vorbild, sie schickten ihren Vize-Fraktionschef auch ins Europäische Parlament. Was sich zu Hause 40 Jahre lang bewährt hat, wird dort vielleicht nicht so gut ankommen. Hoffentlich hat ihm das jemand gesagt.

Fink, Heinrich

F. ist Sowjetdeutscher, 1935 geboren, seine Familie kam 1940 als Folge des Hitler-Stalin-Paktes von Bessarabien (später Moldauische SSR, jetzt wohl Moldavien oder bald Rumänien) in ein Umsiedlerlager, zog dann nach Posen (Poznan), machte sich 1945 auf den Weg nach Westen und landete in der Nähe von Brandenburg/Havel.

F.s Klugheit und Fleiß reichten, um in Genthin die Oberschule zu besuchen und Abitur zu machen. Das hat der in der Weltgeschichte herumgeschubste Sohn arm gewordener Bauern diesem Staat wohl nicht vergessen. Statt sich damals schon, wie es sich für einen heutigen Theologen und Politiker gehörte, in den Widerstand zu begeben, trat F. freiwillig der FDJ bei. Die bessarabische Frömmigkeit besiegte aber den FDJler, und er studierte evangelische Theologie an der Humboldt-Universität Berlin. Nach seiner A- und B-Promotion wurde er dort Professor für praktische Theologie und 1980 Sektionschef. Politisch engagierte sich F. in der staatsnahen »Christlichen Friedenskonferenz«, weil er davon ausging, daß die DDR friedenswillig und -fähig sei. Diese Naivität teilte er mit den Staatsmännern aus aller Welt, die E. Honecker das Helsinki-Papier unterschreiben ließen.

F. wurde 1990 zum Rektor der Humboldt-Universität zu Berlin gewählt. Da er u. a. bei seinen Entscheidungen, Ostprofessoren zu entlassen und Westprofessoren einzustellen, auch auf Fachwissen achtete, mit jedem der zu »evaluierenden« Ostkollegen persönliche Gespräche führte, tauchte eine Akte »Heiner« auf, die besagen soll, daß F. die Mitarbeiter des MfS über »Die Begründung und Funktion der Praktischen Theologie bei Ernst Daniel Schleiermacher anhand seiner Berliner Vorlesungen«, so der Titel seiner A-Promotion, informiert habe. Die Genossen stritten ab, je von einem Genossen Schleiermacher gehört zu haben, die Studenten streikten wochenlang nach F.s Entlassung, und ein Berliner Gericht gab ihm aus Versehen recht. Der Berliner Senat erhielt Unterstützung von Theologen des Berliner Sprachenkonvikts, einer kirchlichen Konkurrenzklitsche staatlich bezahlter Theologie. Humboldts Professorenstühle sind hochbezahlt, sie zweifelten F.s wissenschaftliche Legitimation an. Das machte sich schon immer gut. Der Senat ging in die Berufung und fand nun richtige Richter.

F. säße heute zu Hause als Symbolfigur der zur Strecke gebrachten DDR-Intelligenz, wenn er nicht als einer der meistgefragten deutschen Gesprächspartner auf internationalen wissenschaftlichen Konferenzen und politischen Kolloquien ständig um die halbe Welt reiste.

Fuchs, Jürgen

»Nomen est omen«, sagt man manchmal. Psychologen sind schlaue Füchse, heißt es. Deshalb studierte F. Psychologie, genauer Sozialpsychologie, also Psychologie über mehrere Menschen. Ein Jahr vor dem Studienabschluß 1975 in Jena wurde er rausgeworfen aus der FDJ, der SED und der Uni. Aus »politischen Gründen«, als »Konterrevolutionär« und »Staatsverleumder«, wie F. ständig mitteilt. Also doch nicht ganz so schlau, oder in Jene nicht bene?

In Jena wurde einst auch einer seiner Kommilitonen geext, ein lustiger Knabe. Der saß mit vielen Freunden jeden Abend im »Rosenkeller«, soff sich einen an und verpaßte anderntags regelmäßig die Vorlesungen, also Studium ade. Da fuhr er nach Weimar, ein begabter Bauschüler formte aus Gips seinen Kopf ab und überpinselte ihn mit Bronze. Der Geexte rief seine Freunde zusammen, und am nächsten Tag marschierte ein Festzug mit Blaskapelle hinter das Hauptgebäude. Dort enthüllte man feierlich die zwischen den anderen Großköpfen der Jenenser Uni stehende Büste. Halb Jena amüsierte sich, das Denkmal blieb wochenlang stehen, die Uni-Leitung hatte nichts gemerkt. Erst als es umfiel, wurde es ihr vom Hausmeister gemeldet, er mußte es entfernen.

Auch F. wollte wahrscheinlich ein Denkmal, ein richtiges, das nicht gleich umfiel. Also dichtete er. Das heißt richtiger, er schrieb Tagebücher, die nicht erdichtet waren, sondern alles enthielten, was so kam, blanker Alltag. Wenn man behauptete, das sei erdichtet, erfunden, konnte es in der DDR Ärger geben oder Orden. Beides waren Voraussetzungen für Denkmäler. F. hat es nicht dazu gebracht, weder damals in der DDR noch später im Westen. Es muß also an etwas anderem gelegen haben.

Deshalb versucht er, wenigstens die Denkmäler anderer zu stürzen, und beteiligt sich in Interviews und Artikeln an der Ost-Intellektuellen-Abschlachtung als ehemaligen »DDR-Schriftsteller«. Mit abnehmendem Erfolg, hört man. Aber vielleicht klappt es noch mit einem Denkmal auf einem anderen Gebiet.

F. soll ja, sagt jedenfalls sein Name, schlau sein.

Gauck, Joachim

In einer von ihm lancierten Biographie heißt es: »J. G. wurde am 24. Januar 1940 in Rostock geboren. Früh erfuhr er den wahren Charakter des SED-Regimes, das seinen Vater, einen Seemann, 1951 nach Sibirien verschleppen ließ.«

Das Geburtsdatum stimmt. Die Erklärung, warum die SED harmlose Seemänner nach Sibirien verschleppte, müßte er noch nachreichen. Er kann das aber auch sein lassen, denn die Vergangenheit seines Vaters während der Nazizeit interessiert außer ihn wohl niemanden. Aber so sind G.s Informationen immer: das Unwesentliche stimmt. Deshalb studierte er auch Theologie. Er wurde zunächst in Mecklenburg Landpfarrer, später bekam er eine Stelle in Rostock. In Kirchenkreisen galt er als konservativ. 1989 zählte man ihn zu den Mitbegründern des Rostocker »Neuen Forum«, das in der Folgezeit besonders aktiv dem MfS bei seiner Selbstauflösung half.

Im März 1990 wurde er in die Volkskammer der DDR gewählt und übernahm dort den Vorsitz einer Stasi-Auflöse-Überwachungs-Kommission. Nach der Vereinigung wurde daraus eine nach ihm benannte Bundesbehörde, die mit den übriggebliebenen Akten versucht, die Politik der CDU/CSU zu unterstützen. Je nach Bedarf wird versteckt bzw. enthüllt.

Zu diesem Zweck wurde ein enger Vertrauter des Bundeskanzlers Kohl, Hansjörg Geiger, zum wohl eigentlichen Chef dieser Behörde. G., nur noch dem Namen nach Chef, zeigt sich gehorsam und lernfähig. Er versucht, seinem Namen Ehre zu machen und gemeinsam mit Kohl/Geiger faule Eier in fremden Nestern ausbrüten zu lassen.

»Gauck« ist das altdeutsche Wort für »Kuckuck«.

Gies, Gert

Als Gert G. zum Ministerpräsidenten von Sachsen-Anhalt gewählt wurde, winkten viele ab: also doch keine »Wende«. Vor allem die Leute im Kreis Stendal, die den dortigen Tierarzt und CDU-Chef kannten, lächelten. Einem von ihnen allerdings gefror das Lächeln nach der Wahl G.s, dem Direktor des VEB Fleischkombinat Magdeburg, Betriebsteil Stendal. Würde sich G., sein Tierarzt und Fleischbeschauer, jetzt an ihm rächen, ihm seine ordinären Witze heimzahlen, die er vor allen Kollegen über die Leckblasen auf G.s Zunge gerissen hatte? Daß er dabei drastische Worte gebrauchte, wird G. doch verstehen müssen, Fleischer sind eben grob. Und die Wahheit war es allemal. Das konnte ja jeder nachlesen in der »Geschichte der Arbeiterbewegung des Bezirkes Magdeburg«, Band II. S. 575. Was nicht dort stand, war in Stendal allgemein bekannt: G. war der erste Gratulant, wenn sein Saufkumpan, der SED-Chef Stendals, Günther Anton, Geburtstag hatte.

G. war für alle der lebendige Ausdruck dafür, daß die CDU die christliche Kampfreserve der SED war. Als diese Partei entmachtet war, mußte diese Reserve an die Front. G. stellte sich gleich als Landesvorsitzender der CDU Sachsen-Anhalts zur Verfügung, wurde Mitglied des Bundesvorstandes, aber vergaß, sich ein Direktmandat für den Landtag zu sichern. So konnte er nicht Ministerpräsident werden.

Aber: Irgendwer ließ im Zusammenhang mit einem CDU-Kandidaten das Wort »Stasi« fallen, und sofort war ein Platz für ihn frei. Das nahm man ihm übel. Nach sieben Monaten Ministerspielen hatte er genug Argumente geliefert, ihn durch seinen West-Finanzminister *Münch* zu ersetzen. Dem bleibt auf Grund seiner chronischen DDR-Unkenntnis nichts anderes übrig, als den Mantel der christlichen Nächstenliebe über die Kaderakten seiner Unionsfreunde zu breiten. Einmal aber hat er, wahrscheinlich weil es Spaß macht, auch etwas fallen lassen wollen. Da er in Magdeburg fremd ist und ihm keine geeigneten Helfer zur Verfügung standen, mußte er auf Leute von zu Hause, vom Verfassungsschutz, zurückgreifen. Die lieferten ihm in gewohnter Weise den Falschen. Vielleicht läßt er sich beim nächsten Mal einen richtigen Tip von seinem Unionsfreund Geiger durchfaxen.

Gibtner, Horst

Die letzte Regierung der DDR unter *Lothar de Maizière* wird in der deutschen Geschichte lobend vermerkt werden müssen durch den Versuch, erst- und letztmalig in Deutschland auf die jeweiligen Regierungsposten solche Persönlichkeiten gebracht zu haben, die wenigstens entfernt ahnten, was sie tun müßten, wenn sie es könnten. Ein Beispiel dafür ist der Eisenbahner G. als Verkehrsminister.

1940 wurde er im heute tschechischen Doksy geboren, wuchs am Fuße der berühmten Gernroder Stiftskirche auf, machte in Quedlinburg Abitur und in Magdeburg seine ersten verkehrspraktischen Erfahrungen bei der Deutschen Reichsbahn. Deren Basis, das Schienennetz, war durch die Reparationen halbiert worden, ihr Fahrplan enthielt allenthalben Richtwerte. Wichtig also war bei diesem Einschienennetz die Signalsicherung, die Verständigung, die Fernmeldung. Noch wichtiger aber war es, alle Züge anzuhalten, wenn Walter Ulbricht mit seinem Sonderzug nach Oberhof zum Wintersport fuhr, um danach das entstandene absolute Chaos wieder auf das übliche Maße herabzusetzen.

Genau das studierte G. schließlich an der Dresdner Verkehrshochschule, baute und entwickelte danach die dazu nötigen Anlagen in einem Berliner Betrieb.

Das machte er so vorbildlich, daß man ihn 1969 ins Verkehrsministerium holte. Dort blieb er, abgesehen von einer zweijährigen Pause als CDU-Stadtbezirksrat in Berlin-Friedrichshain, zwanzig Jahre lang, bis ihn *Lothar de Maizière* zum Verkehrsminister ernannte.

Ein halbes Jahr ist keine Zeit, um Verkehrsprobleme eines Landes zu lösen, so blieb ihm nur, seine privaten Verkehrsprobleme in Angriff zu nehmen.

Für G. blieb ein mickriges Mandat seiner Partei im Bundestag. Bis 1994 darf er nun kostenlos nach Bonn mit der Bahn fahren und ist jedes Wochenende relativ pünktlich zu Hause.

Gramlich, Horst und Kutzmutz, Rolf

Die Dozentin im Fach Wissenschaftlicher Sozialismus am Beginn ihrer Antrittsvorlesung: »Meine Damen und Herren, kennen Sie den kürzesten Witz? Nein? Er heißt ›Wissenschaftlicher Sozialismus‹«.

Beide werden hier zusammen genannt, da das, was sie eint, stärker ist als das, was sie unterscheidet. Beide wollten in Potsdam Bürgermeister werden. Da es dieses Amt nur im Singular gibt, stritten sich beide darum, wurden berühmt und dadurch würdig, in diesem Ehrenbuch einen Platz zu bekommen.

Beide einte in der Vergangenheit das Fach »Wissenschaftlicher Sozialismus«, d. h. genauer die Spezialdisziplin »Politische Ökonomie des Sozialismus«.

Beide mühten sich um die besten Noten in diesem Fach, G. als Lehrer und K. als Student an der Hochschule für Staat und Recht in Potsdam. Diese Wissenschaft ist wie ein schlechter Liedtext: man behält höchstens eine Zeile davon im Gedächtnis. Beispiel: »Steige hoch, du roter Adler… äh…«, mehr ist von einem normalen Brandenburger, trotz guten Willens, von seiner Preußenhymne nicht zu erwarten. Im Fall der Politischen Ökonomie des Sozialismus ist es der Gedanke, daß sich alles irgendwie »planmäßig proportional entwickeln müßte… äh…«.

Trotzdem hat dieses Fach bzw. dieser Gedanke zu DDR-Zeiten so manchen ernährt. G. als Lehrer und K. als folgsamen Schüler, der das Gelernte als Wirtschaftsfunktionär der SED anwenden wollte. Nach dem Zusammenbruch dieses Faches verharrte K. aus religiösen bzw. Charaktergründen oder vielleicht auch nur aus Bequemlichkeit bei seiner alten Partei, G. trat in den Verein der ehemaligen parteilosen Kampfgruppenmitglieder und unausgelasteten evangelischen Pfarrer ein, die SPD. Als sich beide im Dezember 93 um den Sessel des Potsdamer Oberbürgermeisters bewarben, gewährte die SPD dem bis dahin relativ unbekannten und aussichtslosen PDS-Kandidaten K. massive Wahlhilfe, indem sie drei Tage vor der Wahl dessen Stasi-Tätigkeit bekanntgab. »IM Rudolf« (K.), der sich nicht wie »IM Sekretär« (*Stolpe*) dafür entschuldigte, bezeichnete sein diesbezügliches Wirken als das, was es damals war, als stinknormale Banalität. So erhielt er von den Potsdamern, denen das Stasi-Gegeifer schon aus den Ohren quillt, 44 Prozent ihrer Stimmen, G. nur 27 Prozent. Die dadurch ausgelösten »Irritationen«(IM Sekretär alias *Stolpe*) angeblich auch in den Chefetagen von Frankfurt/Main führten zu Forderungen, die PDS zu verbieten und 14 Tage später zu einer Stich-Wahl nach DDR-Muster. Durch Einschüchterungen und Drohungen verängstigt, verhalfen die Potsdamer dem Kandidaten der Nationalen Front von Industrie, CDU, Handel, SPD, Banken und Bündnis '90 G. zur knappen (55 Prozent) absoluten Mehrheit. G., der schon in der Vergangenheit, nach Auskunft von Betroffenen, hinreichend seine Unfähigkeit in diesem Amt bewiesen hatte, wird nun die nächsten acht Jahre, gestützt auf die überwältigende politisch-moralische Einheit der Angsthasen von Potsdam, den Weg des bewahrten demokratischen Zentralismus weitergehen und den antagonistischen Widerspruch zwischen Potsdamer und Nichtpotsdamer Interessen nicht zu lösen versuchen.

K. wird ihm dabei als Fraktionschef der PDS im Potsdamer Stadtparlament hoffentlich planmäßig, aber proportional auf die Füße treten.

Güttler, Ludwig

Ein alter Trompeter, gefragt, wie er die Zeit des Faschismus überstanden hätte: »Gut, denn wir hatten immer zwei Uniformen im Schrank, eine von der SA und eine von den Kommunisten, dem RFB. Frühmorgens kamen die Nazis, schlugen den Saal zusammen. Uns ließen sie in Ruhe, denn sie sie brauchten uns ja abends. Am Abend die Kommunisten, das gleiche Spiel. Die Noten waren ja für uns dieselben...«

G. wurde 1943 im Erzgebirge geboren. Nach einigen Versuchen auf diversen Instrumenten widmete er sich an der Leipziger Musikhochschule vorrangig dem Trompetenblasen.

G. bekam eine Solostelle in der Dresdener Philharmonie und ein Dauervisum ins westliche Ausland. Dort erhielt er die Möglichkeit, in kleineren Orten Konzerte zu geben, da er die im Westen üblichen Honorarsätze weit unterschritt. So gelangen ihm auch einige Auftritte im regionalen Fernsehen. Als das in der Abteilung Kultur beim ZK der SED bekannt wurde, propagierte man es, und G. wurde in Parteikreisen für den besten Trompeter der DDR gehalten. Er nutzte diesen Irrtum und ließ den VEB Schallplatten durch die SED anweisen, mit ihm einen Exklusivvertrag abzuschließen, nach welchem Trompetenkonzerte ausschließlich von ihm gepreßt werden durften und er dabei, einmalig in der DDR, finanziell beteiligt werden mußte. G. erhielt den Nationalpreis und fehlte nie in den bunten Programmen bei Staatsakten der DDR-Führung, selbst bei der Feier zum 40. Jahrestag der DDR, als draußen demonstriert wurde, blies er drinnen im Palast der Republik das Lob des Sozialismus.

Neben seinem Haus in Dresden ließ er sich eine Protzvilla auf dem Darß (Born) von der SED-eigenen Baufirma IMES bauen. Seine Bekannten zitierten ihn damals: »Wenn bei mir der Wasserhahn tropft, rufe ich nur Hager an.« All dies wäre verständlich gewesen, da er für fünf Kinder zu sorgen hat. Unverständlich aber blieb seine Hysterie nach dem Sturz seiner alten Gönner. Auf einer der Großdemonstrationen skandierte er: »In Wandlitz brennt noch Licht!«

Mittlerweile trompetet G. wieder auf offiziellen Staatsempfängen und darf bald als oft in den Medien als »IM Friedrich« gelobter Mitarbeiter des MfS und Vertreter der CDU Sachsen in einer Bundeswahlversammlung den von allen heiß ersehnten neuen Bundespräsidenten wählen. Tusch!

Gysi, Gregor

Auf dem letzten Parteitag der SED im Dezember 1989 wurde der Tagungsleiter, der bis dahin wenig bekannte Rechtsanwalt G. zum neuen Parteivorsitzenden der umgenannten SED/PDS gewählt. Ausschlaggebend dafür waren neben seinen rhetorischen Fähigkeiten vor allem sein konsequentes Auftreten gegen eine Auflösung und Neugründung der SED aus besitzrechtlich-finanziellen Erwägungen. Angenommen hat der Anti-Funktionär G. dieses Amt nur unter der Bedingung, daß der Apparat-Kundige *Berghofer* sein Stellvertreter würde. Berghofer war für G. einer der ersten Reinfälle. Nach drei Jahren war deren Zahl so gewachsen, daß er im Januar 1993 sein Amt abgab, aber Fraktionsvorsitzender der PDS im Bundestag blieb.

G. ist der Sohn des in der DDR bekannten Altkommunisten und Polit-Profis Klaus Gysi, der auf Grund seiner guten Manieren und seiner Klugheit lebenslang unterhalb der Machtschwelle verharren mußte (Verlagsleiter, Kulturminister, Botschafter und Staatssekretär für Kirchenfragen). Von ihm hat G. eine gering zu nennende Körpergröße, eine hohe, auch heute noch in der Politik eher hinderliche Intelligenz sowie den Hang, öfter die Lebensgefährtinnen zu wechseln, geerbt. Laut »BILD der Frau« erhält der geschiedene G. täglich viele Liebesbriefe, die er alle gewissenhaft beantwortet. Die noch immer Unterprivilegierten scheinen den meistbespuckten Politiker Deutschlands zu lieben, weil er geschickt der Spucke auszuweichen weiß und sie durch seine Schlagfertigkeit im Gesicht des Spuckers landen läßt. Da ihm, dem Sproß einer alteingesessenen Berliner jüdischen Familie, mit normalen Mitteln schwer beizukommen ist, versucht man es bisweilen, wie der SPIEGEL, mit blankem Antisemitismus. Diesen Haß zieht er sich nicht nur durch seine ständige Plädoyers zu, den von Bonn veralberten DDR-Bürgern Gerechtigkeit widerfahren zu lassen, sondern er deutet bisweilen auch an, daß die Unfähigkeit, diese und künftige Probleme zu lösen, Systemcharakter habe.

In einem Fernsehinterview gefragt, ob er als Sozialistenführer die Nachfolge Karl Liebknechts antrete, antwortete er mit der ihm eigenen Bescheidenheit: »Ja, denn inzwischen war ja wohl nichts.«

Auch G. leugnet nicht, alle Unarten eines DDR-Bürgers absolviert zu haben. Bekannt wurde er als freier Rechtsanwalt, der lauter und erfolgreich solche auffällig gewordenen Gegner des Realsozialismus, wie *Rudolf Bahro*, oder nur auffallen wollende, wie *Bärbel Bohley*, verteidigte. Als promovierter Jurist gewinnt G. mit Hilfe einer Hamburger Anwaltskanzlei jeden Verleumdungsprozeß und kann mühelos mit Hilfe der eingeklagten Schmerzensgelder sich und seine Partei ernähren. Deshalb mußte dieser Artikel etwas positiv geraten.

Heitmann, Steffen

In einem katholischen Seminar war ein Kandidat das dritte Mal durch die Prüfung gefallen. Der Regel nach hätte er entlassen werden müssen, der Rektor bat den Bischof um eine Ausnahme. »Der Zögling«, schrieb er, »sei außerordentlich fromm…« »Frömmigkeit schwindet, Dummheit bleibt, er ist zu entlassen!« *antwortete der Bischof.*

H. war füher evangelischer Pfarrer und konvertierte zur Politik, wie einst Müntzer, Luther oder *Eppelmann*. Er wurde 1944 in Dresden geboren, sein Vater starb in sowjetischer Kriegsgefangenschaft, mit 13 Jahren verlor er seine Mutter und wuchs bei seinen Großeltern auf. Nach dem Abitur und einem Theologiestudium ließ er sich zum Kirchenjuristen ausbilden. Bis 1990 arbeitete er vorwiegend im Kirchenapparat. H. war ein DDR-Bürger, mehr noch, der Inbegriff eines DDR-Bürgers: ein Dresdner. 17 Millionen wissen, was damit gemeint ist, außer H.: »Wir waren keine DDR-Bürger, wir sind Dresdner.«

Seit dem Herbst '89 saß er im Auftrag seiner Kirchenoberen als juristischer Berater an zahlreichen Runden Tischen. Später leitete er eine Gruppe, die mit Hilfe aus Baden-Württemberg die Verfassung seines Freistaates ausarbeitete. Im Herbst 1990 berief ihn *Biedenkopf* zum sächsischen Minister für Justiz. In den neuen Bundesländern ist er der einzige Ostler in diesem Amt, in der Justiz Sachsens der einzige, der sächsisch spricht.

Da sich die »blühende Landschaft« im Osten als Windei erwies, fürchtet die CDU im Wahljahr '94 die Quittung von Millionen ihrer Ostwähler. Dem zu begegnen, galt einer der begnadeten Einfälle des Kanzlers Kohl: einen Ossi als Bundespräsidenten. Er hätte einen klügeren, würdevolleren benennen können, der wenigstens in der Wahlperiode ein paar Sympathiepunkte für den Osten gesammelt hätte, dann wäre der Bluff auch nicht so offensichtlich geworden.

H., durch Kohls Einfall ans Licht der Öffentlichkeit gezerrt, gibt nun Interviews. Dabei sagt er, was auch seine Oma schon immer gesagt hat, und verrührt es mit dem, was bei ihm aus der Bibel hängengeblieben ist. Das ist alles so außerordentlich fromm und gestrig, daß die Rechten in der CSU und die Reps öffentlich Beifall klatschen. Vielen CDU-Mitgliedern aber ist es peinlich, wie stümperhaft dieses Gaukelspiel über die Bühne geht.

Daß der sich gern den Schein der Liberalität gebende Kohl jedoch seinen Kandidaten vorher gekannt habe, solch eine Niedertracht sollte man selbst ihm nicht zutrauen. Vielleicht ließ sich der historisch bewanderte Kanzler von H.s Namen verführen: Der »heit-man« war bei den Germanen eine Art Oberpriester, bei dem man »heits«, d.h. Gelübde, Schwüre, Meineide abließ, um sich von seiner Schuld zu reinigen; also ein nicht ungeeigneter Name für das Amt des Bundespräsidenten. Gewählt werden wird H. wohl nicht, das sollte auch nie Absicht sein. Aber was bleibt, ist ein wenig Stolz, einen so hochgebildeten Kanzler zu haben.

Hildebrandt, Regine

Mit ihrem Namensvetter, dem Kabarettisten Dieter H., hat sie nur eines gemein: auch sie ist eine enorme Quasselstrippe. Lachen allerdings kann man bei ihren Vorträgen kaum, denn als Ministerin für Arbeit und Soziales im Land Brandenburg gelingt es ihr gerade mal, kurzzeitig Tränen zu trocknen. Daß die »Mutter Theresa aus Brandenburg« genannte Regine H. mit ihrem sozialen Engagement früher Pillen drehen mußte, statt Politik zu machen, ist einer der wichtigen Gründe für den Untergang der DDR.

Jahn, Roland

Journalisten brauchen für ihre Arbeit Fakten, konkrete bildhafte Aktionen. Manche von ihnen mieten sich dazu Akteure, Schauspieler. So zahlte zum Beispiel ein japanisches Fernsehteam einigen Neonazis aus Berlin-Lichtenberg Honorare, damit sie sich mit ihren Abzeichen schmückten und vor laufenden Kameras »Sieg heil!« und »Ausländer raus« brüllten. Das hätten sie, wenn sie etwas gewartet hätten, auch live haben können, aber die Honorare waren wahrscheinlich niedriger als die Hotelkosten.

Was hat das mit Roland J. zu tun?

J. wurde 1953 in Jena geboren, machte sein Abitur und kam als Wehrpflichtiger zur Bereitschaftspolizei nach Rudolstadt. Dort hatte er nach der Grundausbildung nichts zu tun. Das wäre ihm bei der Armee genauso passiert, der größte Feind jedes bewaffneten Organs ist der Frieden. Die Arbeitslosigkeit seiner Polizei-Genossen wird sein Mitleid erregt haben, nach seiner Entlassung leitete er für sie eine Reihe von ABM-Maßnahmen ein. Er initiierte »oppositionelle Gruppen«, »Lesekreise für verbotene Literatur«, leistete »Solidaritätsarbeit für politisch Inhaftierte« sowie »publizistische Arbeit für westliche Medien«, wie er diese ständig von Westreportern begleiteten und honorierten Maßnahmen bezeichnete. Eine Aktion in diesem Zusammenhang bestand darin, am Heiligabend auf dem Jenaer Marktplatz eine »Massendemonstration« zu veranstalten. Nach der Ankündigung in westlichen Medien wurden von der ängstlichen Obrigkeit des Bezirkes Gera die Bereitschaftspolizei und die Kampfgruppen alarmiert, die Zufahrtsstraßen kontrolliert und der Innenring von Jena abgesperrt.

Die zehn Demonstranten zogen sich mit ihren Plakaten nach einer Aufforderung der Polizei in die Kirche zurück, und die Sache war beendet. Die Westjournalisten hatten ihre Bilder, und die Jenaer Opposition hatte damit erreicht, daß Tausenden Familien das Weihnachtsfest durch die Abwesenheit der Väter und Söhne vermasselt wurde. Durch zahlreiche solche Aktionen wurde J. bekannt. Als er beschlossen hatte, in den Westen zu gehen, band er sich eine Fahne der polnischen Gewerkschaften an sein Fahrrad und umkreiste tagelang das Gebäude der SED-Stadtleitung in Jena. Man muß es bemerkt haben, denn wenig später wurde er in einen Zug Richtung Gießen gesetzt. In Hamburg bekam er eine ABM-Stelle in einem Projekt »Opposition in der DDR«. Als diese Stelle und die dazugehörige DDR ausgelaufen waren, versuchte er weiter, sich journalistisch an diesem Thema festzuhalten. Seine permanenten Versuche, im ARD-Magazin »Kontraste« dem ehemaligen PDS-Chef *Gysi* Stasi-Arbeit nachzuweisen, erwiesen sich als Flop. J. teilt heute wahrscheinlich das Schicksal von *Egon Krenz*: Für manche ist es wirklich dumm, daß diese DDR beendet wurde.

Kniepert, Andreas

K. ist derzeit der oberste Liberale Thüringens, d.h. Landes- und Fraktionschef, Mitglied des Bundesvorstandes einer Partei, die sich liberal nennt.

Wenn man nur wüßte, was liberal heißt! Hat es etwas mit Liebe zu tun oder Liberia oder Liebe zu Liberia?

Liber ist lateinisch und heißt Buch, man kennt es vom Stempel »ex libris...«, und dann folgt der Name des Beklauten. Heißt also liberal, geklaute Bücher zu lesen?

Daß es etwas mit Politik zu tun hat, konnte K. nicht ahnen, denn in seinem bisherigen Leben hatte er noch nie etwas mit Politik zu tun, sondern ausschließlich mit nichts anderem als mit mechanischen Verfahrenstechniken.

Das ging in der DDR, wie K. bewies: Oberschule, Abitur, Studium, Assistenz, Promotion, mit 35 Jahren Habilitation und kurz vorm Professor. Seine Chefs in der Weimarer Bauhochschule hielten große Stücke auf den begabten und fleißigen K., keine zeitraubende Lehrtätigkeit oder gar gesellschaftliche Funktion sollte ihn in seiner wissenschaftlichen Laufbahn aufhalten: studieren, forschen, studieren. Aber jede Medaille hat zwei Seiten.

Man hört bisweilen von Wissenschaftlern, die ihre Leistungsgrenze überschritten und überstudiert in der Klapsmühle landeten. Das traf bei K. natürlich nicht zu, es gibt aber so etwas. K. landete bei den Liberalen.

Er wurde aktiv, bisweilen sogar, so hört man aus Weimar, aggresiv. Wer nach SED riecht, dem müssen die Bücher entzogen werden, liberal also. Einiges ist so in Weimar bereits erreicht. Sein Jugendverband »Julia« war ziemlich aktiv bei einer Kampagne gegen seinen Gönner, den erstmals frei gewählten Rektor der Weimarer Bauhochschule, Professor Mönnig, die zu dessen Kündigung führte.

Man kann, wie Herr K., mechanische Verfahrensweisen in der Politik anwenden und sie »liberal« nennen. Man kann aber auch eine Rechtsschutz-Versicherung abschließen, wenn man in Weimar mit Büchern zu tun hat.

Knolle, Karsten

Der Landtagsabgeordnete von Sachsen-Anhalt, Karsten K., ist, wie der verlorene Sohn aus der Bibel, nach Hause zurückgekehrt, d. h. nach Neinstedt bei Quedlinburg. Nach seiner dortigen Schulzeit hatten seine Eltern im Ruhrgebiet Asyl beantragt. Man muß es ihnen gewährt haben, denn in K.s Biographie tauchen die für Nienstedter nur aus dem Erdkundeunterricht bekannten Begriffe wie Düsseldorf, Frankfurt (Main), Bonn, USA, Kanada und Mexiko auf. Dort studierte er Handel, kaufte und verkaufte, spekulierte, schrieb Artikel, trat in alle möglichen und unmöglichen Verbände und Vereine ein, unter anderem in die CDU, und machte Betrieb. Als man ihn zur Bundeswehr holte, meldete er sich zur Elite, den Fallschirmjägern. Bei diversen Reservistenübungen war er so agil, daß man ihn jedesmal beförderte. Mittlerweile ist K. Oberstleutnant der Reserve.

Was macht ein so weitgereister Weltmann mit solch hohem Blutdruck in der eher beschaulichen, ruhigen ostdeutschen Heimat? Er macht Betrieb, zeigt den ostdeutschen Landsleuten, wo Bartel den Most holen soll. Woher sollen sie es auch wissen? Ein Leben lang nur Eisleben, Eisenach, Leipzig, Wittenberg und zurück! Einmal im Leben vielleicht eine Westreise nach Worms oder Lübeck, wie Luther oder Bach, einfältige Tröpfe!

K.s erster Versuch, den Ostdeutschen zu zeigen, wie man's macht, ging daneben, gelinde gesagt. In der Tagesschau hatte er, der Weltmann und CDU-Abgeordnete im Landtag Sachsen-Anhalts, Bilder aus Jugoslawien gesehen, zerbombte Häuser, ballernde »Serben« und »kroatische« Leichen, hieß es im Text. Serben sind Slawen, Halbkommunisten, und die Kroaten waren einst unsere Verbündeten, also mußte der Text stimmen. Aber wer hat den Mut, das zu prüfen, nach Jugoslawien zu fliegen? Fallschirmjäger wie K!

Er flog via Sarajewo, immer hin und her, bis er genügend Waisenkinder, Busse, Flugtickets und in Sachsen-Anhalt ein leerstehendes Kinderheim zusammenhatte. Da er das vor Ort mit niemandem absprach, die Warnungen der UNICEF ignorierte, gab es Verwechslungen, Schüsse und Tote. Wer bewilligt eigentlich wofür Geld in Sachsen-Anhalt?

Karsten K. wollte mit dieser Aktion wahrscheinlich nur beweisen, daß er der richtige Mann ist, eine der kommenden UNO-Blauhelmtruppen der Bundeswehr zu leiten. Das scheint ihm gelungen.

Krabbe, Katrin

Ein polnischer KZ-Häftling sagte in einem Interview, er kenne nur drei deutsche Worte: dalli dalli, hopp, hopp und laufen, laufen. Im Sport, sagte er, waren die Deutschen schon immer gut.

Anfang der Siebziger hatte Katrinchen Glück: die Onkels und Tanten des DTSB, die, mit einem Zentimetermaß bewaffnet, regelmäßig alle Kinderkrippen der DDR durchkämmten, fanden das Verhältnis der Länge ihrer Beinchen zum Rest ihres Körperchens vielversprechend. Hätten sie die der Ärmchen beeindruckend gefunden, wäre aus Katrin vielleicht eine Kugelstoß-Maschine geworden. Das ging alles beim DTSB, wenn nur die Länge der Gliedmaßen stimmte, die konnte man schlecht auseinanderziehen. Alles andere aber war kein Problem. Wenn dazu die Eltern noch eitel waren, konnte es losgehen: laufen, laufen und nochmals laufen. Dazwischen etwas Lesen und Rechnen, ein Banananchen, ein mageres Steak, danach das Acetylcaspiridsalicylpyramidol nicht vergessen und wieder laufen, laufen und nochmals laufen.

So bekam Katrin die schnellsten Beine der Welt.

Nach dem Anschluß der DDR waren die SportlerInnen die einzigen, denen man schlecht das Schild faul und marode umhängen konnte, hatten sie doch jahrzehntelang allen europäischen KollegInnen das Gold vor der Nase weggeschnappt. Also meinten die einstigen Verlierer, in der Hauptsache die Sportfunktionäre des DSB, wie bei jedem anderen Spiel auch, die Gewinner müßten geschummelt haben. Dies nachzuweisen, scheuten sie weder Mühe noch Steuergelder, die eigentlich für den Sport bewilligt worden waren. Sie flogen um den halben Erdball, postierten sich mit ihren Röhrchen vor jeder Toilette und gaben anschließend Interviews. Die Sportseiten der Zeitungen waren eine Freude für jeden extravaganten Pornofreund: Welches Mädchen hatte wie und wann was in welches Röhrchen gepullert, was kam da wie raus usw.

Als man nach so vielen Mühen endlich fündig wurde, ging ein Schrei der Entrüstung durch die Ehemalige: Selbst das Letzte wollen sie uns noch nehmen! Die Röhrchen wurden vertauscht, selbst Schummler! Aber es nützte nichts, Katrin gab selbst zu, vom Acetylcaspiridsalicylpyramidol gekostet zu haben, aber in der Annahme, es sei nur Acetylcaspiridsalecylpyramid gewesen. Nun flossen die Tränen erst recht, vor allem ihre. Die Strumpfhosenfirmen kündigten die Millionen-Werbeverträge, eine Lizenz für eine Apotheke wurde ihr verwehrt, und so blieb ihr nur das kleine Sportartikelgeschäft in Neubrandenburg.

So schlimm sollte man das aber, siehe oben, nicht finden, selbst wenn sie wieder mit anderen um die Wette laufen dürfte.

Krause, Günther

Der 1953 in Halle/Saale geborene G. K. ließ sich nach Abitur und Armee in Weimar zum Bauingenieur ausbilden und ins Wohnungsbaukombinat Rostock schicken. Dort mühte er sich rechnergestützt, aber vergeblich, das Wohnungsbauprogramm Erich Honeckers wenigstens für Rostock zu verwirklichen. Nebenbei entwickelte er Software für den Containerumschlag im Rostocker Hafen. (Für Laien: Wie kriege ich schnell viele Kisten auf ein Schiff?)

Dieses Programm, für das er zwei Doktortitel an der TH Wismar kassierte, konnte wegen angeblich fehlender Hardware damals nicht verwirklicht werden. Später gelang ihm diese Kistenverladung DDR-weit durch den sogenannten Einigungsvertrag.

Politisch war K. im Widerstand. Das langjährige Mitglied der DDR-CDU und Kreisvorsitzender von Bad Doberan »erahnte ab etwa 1987 das kommende Ende der SED-Herrschaft«, wie er in einer offiziellen Biographie verlauten ließ. »Ich habe nicht 1989 meine Familie und mein Leben riskiert, um jetzt in der Öffentlichkeit fertiggemacht zu werden«, sagte er der »Morgenpost« am 10. 12. 1990.

K. ist ein mutiger Streiter. Er streitet fast alles ab, was er in der DDR gemacht haben soll.

Zu gibt der in der BRD durch Grundstücksverkäufe seiner Frau zum Millionär Gewordene, daß ihm das Arbeitsamt seine Putzfrau bezahlt hat.

Als CDU-Bundesverkehrsminister mußte er die Interessen der Besitzer von Auto- und anderen Konzernen vertreten und beim Neubau von Reichsautobahnen streng auf die Einhaltung der Richtung achten.

K. ist ein typischer DDR-Bürger.

In seiner Jugend wollte er Organist werden.

Geworden ist er ein in Bonn beliebter Wirtshauspianist. Da er dabei zu oft und unverschämt den Hut herumgehen ließ, wurde er den Bonnern lästig und Anfang Mai 93 als Minister gegangen.

Krawczyk, Stephan

Der Ostthüringer K. war Mitglied einer FDJ-Singegruppe. Diese Gruppen erreichten mit ihren kämpferischen Agitpropliedern laut geheim gehaltenen Befragungen nur etwa 5 Prozent der jugendlichen Sympathie-Antennen, d. h. 95 Prozent nicht. In den DDR-Medien und in den Köpfen der Akteure verkehrte sich dieses Verhältnis ins Gegenteil. Nachdem diese anfangs gute Polit-Kunst-Bewegung in der heftigen Umarmung der FDJ-Funktionäre erstickt war, wandten sich viele Sänger dem Volkslied zu, der Folklore.

Auch K. wurde Mitglied einer Geraer Folkloregruppe. Rivalisierende Eitelkeiten lösten diese Gruppe auf, und K. machte sich selbständig. Seine mit Akkordeon untermalten Darbietungen antipreußischer Folklore waren recht hübsch, regten aber niemanden auf. Das regte K. auf. Er verkleidete sich als sibirischer Sträfling, fügte den Volksliedern Bier- und Bellmannlieder bei, aber es gab wieder kein Verbot. Deshalb reduzierte er bei seinen Vortragsabenden die Zahl seiner Lieder zugunsten von Zwischentexten, bestehend aus Briefen Rosa Luxemburgs aus dem Gefängnis. Die Kulturfunktionäre boten ihm daraufhin, statt der Auftrittserlaubnis als Sänger, einen Referentenschein der »Urania« an, einer Gesellschaft zur Verbreitung wissenschaftlicher Kenntnisse. Diesen lehnte er ab, trat von nun an nur in Kirchen auf, fuhr mit seinem Auto absichtlich in Einbahnstraßen verkehrt hinein und tat alles, um die Aufmerksamkeit »der Bullen« zu erregen. Seine Erfolge gipfelten in mehreren westlichen Radiosendungen über den Widerstandskämpfer K. und der vorzeitigen Installation eines Telefons in seiner Wohnung.

Als er beabsichtigte, in die offizielle Luxemburg-Liebknecht-Einbahnstraße verkehrt hineinzufahren, wurde er kurz vorher gestoppt. Seine Ehefrau Freya Klier, eine in der DDR von permanenter Erfolglosigkeit geplagte Theaterregisseurin, forderte darauf im Westfernsehen, den »sensibelsten Künstler der DDR« freizulassen. Diese Forderung wurde erfüllt. Nach einem ersten Auftritt im Westen schrieb eine unfreundliche Zeitung, die DDR solle ihn zurücknehmen.

Das geschah erst nach dem Fall der Wende.

Krenz, Egon

»Worin besteht das Wesen eines politischen Witzes?« fragten sich Funktionäre und antworteten: »Der Gegner erfindet ihn, der Genosse verbreitet ihn und die FDJ verwirklicht ihn.«

K. tat dies seit 1953, seit 1959 sogar hauptamtlich und brachte es dabei 1974 zum obersten FDJler. Der ehemalige FDJ-Chef Erich Honecker holte ihn ins Politbüro und erweckte den Anschein, ihn zu seinem Nachfolger zu küren. K. tat alles, um »dieses hohe Vertrauen zu rechtfertigen«, zog bei Zusammentreffen mit Honecker die Schultern ein, um nicht größer zu scheinen, und verschluckte, um nicht klüger zu scheinen als E. H., beim vielgebrauchten Wort »Imperialismus« das i in der Mitte: »Imper-alismus«.

Da das alles nichts half, traf sich K. in den Jahren 1988/ 1989 mit Vertrauten seiner FDJ-Zeit regelmäßig und heimlich in der Jugendhochschule Bogensee, um Putschpläne zu erarbeiten und ein Schatten-Politbüro aufzustellen. Inzwischen hatte sich Honecker von K. distanziert und sich während seiner Krankheit von *G. Mittag* vertreten lassen, der sich bei seinen Besuchen in SED-Bezirksleitungen schon als kommender Generalsekretär bezeichnete.

Nach der Ablösung Honeckers ging K. zu ihm und bedrängte den willensschwach Gewordenen, ihn offiziell zu seinem Nachfolger vorzuschlagen (vgl. »Der Sturz«, Aufbau-Verlag 1990).

Das »Glück« dauerte nur 45 Tage, am 3.12.1989 verließ K. die Parteizentrale der SED durch den Dienstboteneingang. K. ist als einziges ehemaliges Politbüromitglied der SED noch nicht im Rentenalter und vom Pankower Arbeitsamt schwer zu vermitteln. Er hat in der DDR nichts, aber auch gar nichts gelernt, was sich in der Marktwirtschaft zu Geld machen ließe, und ist somit eines der wenigen tatsächlichen Opfer. In dem Buch »Wenn Mauern fallen«, das er 1990 von seinen ehemaligen FDJ-Zentralrats-Sekretären Rettner und König schreiben ließ, läßt er sich als Maueröffner und Friedensengel beweihräuchern. Das entspricht nicht ganz den Tatsachen, denn die Leipziger Montagsdemonstrationen wurden vor Ort ohne sein Zutun deeskaliert und die von ihm noch wenige Wochen vorher so bezeichnete »Nahtstelle zwischen Imperialismus und Sozialismus« platzte durch eine mißverstandene Presseerklärung *Schabowskis*. K.s Umschulung bei einem extravaganten Westberliner Millionär endete durch dessen Tod, eine ihm hämisch durch »BILD« angebotene Stelle als Straßenpflasterer (Stundenlohn 12,80 DM) schlug er aus.

Durch den Fall des Sozialismus ist K. zum Sozialfall geworden.

Kupfer, Lothar

Auch der einstige Innenminister von Mecklenburg-Vorpommern, Lothar K., mußte sich nicht »wenden«. Wie früher ist er Mitglied der CDU, wie einst hauptamtlicher Politiker und wie der größte Teil von ihnen nur seinem Gewissen verpflichtet, sofern man eines hat.

Im Studium auf der Parteihochschule Burgscheidungen wurde christliche Demut und Gehorsam geübt gegenüber der führenden Rolle. Wer diese Rolle spielt, war ihm scheinbar egal. In der DDR war er stellvertretender CDU-Chef im Kreis Ribnitz-Damgarten und Kreisrat für Energie- und Umweltfragen. Zur BRD-Zeit wurde er im selben Kreis Landrat und später von seinem damaligen und heutigen Chef, dem Kreisvorsitzenden der CDU und jetzigen CDU-Fraktionschef *Rehberg* als Innenminister nach Schwerin geholt. Dort übte er sich als oberster Polizeichef weiter in Demut und Gehorsam. Was von oben kam, wurde gemacht. Da die Glatzen nicht den Schweriner Landtag anzündeten, sondern »nur« das Asylheim in Rostock-Lichtenhagen, kam lange nichts von oben. Recherchen ergaben: Das voll- bzw. bereits überbelegte Asylheim Lichtenhagen wurde mit zu vielen Asylbewerbern, vor allem Sinti und Roma aus Rumänien, »beschickt«. Alle Verantwortlichen wußten, daß es für die Neuankömmlinge weder ein Bett noch eine Toilette gab, daß sie inmitten der Neubaublöcke am S-Bahnhof Lichtenhagen auf die blanke Wiese »abgekippt« wurden. Die Unkenntnis dieser Aktion erzeugte bei den Lichtenhagenern Unmut. Als dann bundesweit Skins angefahren wurden und diese das bekannte Feuerwerk anfachten, fand das leider bei den Anwohnern Zustimmung. Die Polizei kam zu spät, mit zu wenig Leuten, angemessene Urteile für die versuchten Totschläger blieben aus. Daß die Polizei aber genügend Leute hat, bewies K. bei der später dort stattfindenden Demonstration linker Gruppen, die er zum Teil auf den Zufahrtswegen abfangen ließ.

Politiker werden an ihren Taten, nicht an ihrem Kerzen-Geschwätz gemessen. Vertreter jüdischer Gemeinden behaupten, der neuerliche Neofaschismus sei eine zentral geplante Angelegenheit. Da »Rostock-Lichtenhagen« in den Medien zum Synonym dafür wurde, sah sich der Landtag Mecklenburg-Vorpommern genötigt, einen Untersuchungsausschuß mit der Klärung zu beauftragen. K. mußte im Februar 1993 sein Amt als Innenminister niederlegen, um, wie es Ministerpräsident *Seite* begründete, »das Land aus den Negativschlagzeilen zu nehmen«. K.s Nachfolger wurde ein Westimport, Geil.

Lehment, Conrad-Michael

Mecklenburger Mütter hatten ganz früher wenig Zeit, sich um ihre Kinder zu kümmern. Kurz nach der Entbindung mußten sie wieder aufs Feld. Sie nahmen ihre Säuglinge, legten sie am Feldrand nieder und steckten ihnen zur Beruhigung einen leinenumspannten Wattebausch in den Mund, den sie vorher in Schnaps getaucht hatten. Jahrhundertelang nuckelte sich so ein Volk in die Abhängigkeit. Ohne diesen »Mecklenburger Nuckel« ist dieser Landstrich schwer zu deuten.

L. ist Schnapsfabrikant, Nachkomme einer uralten Mecklenburger Schnapsfabrikanten-Dynastie. Früher beherrschten diese Drogenbosse mit ihrem »Rostocker Kümmel« fast allein den Mecklenburger Markt. Später bekamen sie Konkurrenz aus dem südlichen Nordhausen, die »Mafia« wurde staatlich und L. Betriebsleiter der Kümmelschnapsfabrik. Da man in der DDR, speziell in Mecklenburg, viel saufen mußte, um vergessen zu können, hatte auch er Planrückstände und wurde gerügt. So setzte er seine ganze Ehre als Mitglied der Liberaldemokratischen Partei Deutschlands, seine ganze Kraft für die Schwächung seiner Deutschen Demokratischen Republik ein: Am Ende war Schnaps das einzige, was in der DDR reichlich vorhanden war.

Nach der »Wende« wurden die Probleme nicht geringer, aber die Konkurrenz auf dem Alkoholmarkt vermehrte sich. L. bekam seine Schnapsbude zurück, und zum Zwecke der Marktregulierung ließ er sich zum Wirtschaftsminister Mecklenburgs ernennen. Er hat Glück gehabt, daß er weiterhin privates und staatliches Interesse vereinen kann: Je mehr er zuläßt, daß die Wirtschaft zugrunde gerichtet wird, um so höher ist sein Umsatz, sein Gewinn.

Lieberknecht, Christine

L. stammt aus Weimar. Dort wurde sie im Jahre 1958 geboren, nach dem Abitur studierte sie im benachbarten Jena Theologie und bekam eine Pfarrstelle in dem nahegelegenen Dorf Ottmannshausen. ihr Mann ist ebenfalls Pfarrer im Nachbardorf Ramsla. Dort wohnt die Familie noch heute in dem geräumigen, aber mietgünstigen Pfarrhaus. Die Strecke Ramsla–Weimar–Jena ist ein schöner Fahrradausflug am Sonntagnachmittag. L. ist also noch nicht viel in der Welt herumgekommen. Heute sitzt sie manchmal in Bonn als Vertreterin Thüringens in Europaangelegenheiten. Die Personalpolitik der CDU ringt einem eben immer wieder Bewunderung ab.

Als sie in Ramsla der Ruf erreichte, Ministerin für Kultur und Bildung von Thüringen werden zu können, zog sie ihren Talar aus und fing an zu regieren. Das Schlimmste, was der Kirche passieren kann, ist, Macht zu bekommen. Das Christentum geht dann ganz schnell flöten. L. bewies es wieder. Wie alle Ost-CDU-Minister löste sie diese illegale Fragebogen-Aktion für die DDR-Lehrer aus. Sie tat das besonders gründlich und verbissen. Nach ihren Kriterien hätte sie sich, staatsnah und systemtreu als langjährige Blockflöte und FDJ-Sekretärin der TheologiestudentInnen, selbst zuerst rausschmeißen müssen.

»Wer ohne Schuld ist, werfe den ersten Stein«, hatte Jesus gesagt, aber wer war noch mal Jesus? Sie schmiß um sich, ein Stein traf auch den Gummi-Ministerpräsidenten *Duchac*.

Sein Nachfolger *Vogel* schickte sie nach Bonn, weil er anscheinend mit Frauen, die um sich schmeißen, nicht viel im Sinn hat.

Apropos Pfarrer und Weimar: Gottfried von Herder war auch einer. Der »Apostel der Slawen« warb mit seinen slawischen Lieder- und Märchensammlungen bei den deutschen Ostlandreitern um Sympathie für diese »Andersdenkenden«. Der Pfarrer der Stadtkirche St. Peter und Paul wurde weltberühmt durch seinen konsequenten christlichen Humanismus. Die Weimaraner dankten es ihm und nannten die Stadtkirche später Herderkirche.

Eine Lieberknecht-Kirche wird es wahrscheinlich nie geben.

Magirius, Friedrich

Der Leipziger Superintendent und Pfarrer der dortigen Nikolaikirche wurde bekannt, als er sich mit vier anderen Männern, den SED-Funktionären Nötzold und Meyer, dem Kabarettisten Lange und dem Dirigenten *Masur,* für eine friedliche Lösung der Leipziger Eskalationen im Herbst 1989 einsetzte, denn friedliche Lösungen schwebten M. schon immer vor. Er war Vorsitzender der »Aktion Sühnezeichen« in der DDR, hielt bereits seit 1982 in seiner Kirche regelmäßige Friedensandachten ab und vertrat im übrigen die friedensstiftende Linie des Altbischofs Schönherr der »Kirche im Sozialismus«. So unsinnig war diese Strategie der Kirchenleute nicht, denn die zahlreichen Kirchenaustritte im neuen christlichen Deutschland scheinen dies zu bestätigen.

M. wurde 1931 in Radebeul in einem christlichen Elternhaus geboren. Mit 14 Jahren machte er die Bekanntschaft »russischer Besatzer«, die bei ihnen zwangseinquartiert wurden. Zur Verwunderung des jungen M. wurde seine Familie nicht nach Sibirien transportiert, sondern blieb wohnen und mußte den atheistischen Untermietern eine Bilderbibel erklären. Dieser erste Religionsunterricht hatte ihn sehr beeindruckt, und so blieb er Zeit seines Lebens bei dieser Beschäftigung.

Seit seinem politischen Auftreten im Vorfeld des Herbstes 1989 und danach war er allerdings vielfältigen Versuchungen des Leibhaftigen ausgesetzt:

Die DDR-CDU hätte ihn gern zum letzten Staatspräsidenten der DDR gemacht, die SPD zu ihrem Mitglied. Sie verlieh ihm deshalb ihren Gustav-Heinemann-Preis, den er annahm und die 20000 Mark, die daran hingen, weiterleitete. Die Industrie- und Bankbosse der Partnerstadt Frankfurt (Main) spendierten ihm zur Eröffnung der Direktfluglinie Leipzig–Frankfurt ein Ticket und zehn Tonnen Apfelsinen aus Südafrika, die er, noch zu DDR-Zeiten, an seine hungernden Landsleute verschenken sollte: entrüstet lehnte er ab.

Nur einer Versuchung konnte er nicht widerstehen, der Wahl zum Präsidenten des Leipziger Stadtparlamentes. Da er aber, wie schon erwähnt, Intelligenz und Charakter besitzt, ist er in dieser Funktion völlig fehl. Die Folgen bekommt er jetzt zu spüren. Nun muß er wohl diesen Kelch austrinken, bis zur Neige, d. h. bis zur nächsten Wahl.

de Maizière, Lothar

Die Deutschen hatten einen slawischen Großfürsten namens Tugomir gefangen, gaben ihm Geld, machten ihm Versprechungen und entließen ihn. Zu Hause gab er an, aus der Gefangenschaft entflohen zu sein. Er wurde wieder in sein Amt eingesetzt, und am verabredeten Tag kamen die Deutschen, und Tugomir übergab kampflos Burg und Gebiet. (Nach Widukind von Corvey)

De M. ist nicht slawischer Abkunft, sondern, wie sein Name ahnen läßt, ein Sproß flämischer Siedler, die seit dem 12./13. Jahrhundert die Thüringer Sümpfe trockenlegten und so u.a. die »Goldene Aue« nördlich des Kyffhäuser schufen. Dort, in Nordhausen, wurde de M. auch 1940 geboren. Nach seinem Abitur im Berliner »Grauen Kloster«, einer normalen staatlichen Oberschule mit Altsprachen-Zweig, studierte er an der Musikhochschule »Hanns Eisler« Viola und im Pflichtfach Klavier u.a. die Etüden eines Komponisten namens Czerny.

Nach einigen Orchesterjahren zwang ihn ein Nervenleiden im linken Arm, seine Bratsche an den Nagel zu hängen. Er studierte Jura im Fernstudium. Als freiberuflicher Rechtsanwalt wurde er 1987 Stellvertreter *Gregor Gysis*, der damals Chef des Rechtsanwaltkollegiums der DDR war.

De M. war mit 16 Jahren bereits der CDU beigetreten und saß dort unbeachtet bis zum 10. November 1989 an einem der hinteren Pulte. Als man einen neuen Konzertmeister brauchte, der neue Dirigent sollte aus Bonn kommen, bekam er diese Stelle ohne Praxis und Probespiel. Sein erstes politisches Gelegenheitsgeschäft (Pogge) bekam er bei der *Modrow*-Regierung als Minister für Kirchenfragen. Der von Kanzler Kohl geschaffene Golem »Allianz für Deutschland« schaffte es, mit viel Geld und Versprechungen (siehe oben) bei der Volkskammerwahl zu siegen, und de M. wurde der letzte Ministerpräsident der DDR.

Seine Koalitionsregierung mit SPD und FDP hatte einen exakten Plan für die kampflose Übergabe von Burg und Gebiet ausgearbeitet. Da aber in Bonn keine faire Übergabe mit freiem Geleit geplant war, wurde de M. ins Feriendomizil des Kanzlers befohlen. Dort soll sich dieser, so erzählte man damals, mit einem Aktendeckel, auf dem der Name Czerny stand, Frischluft zugewedelt haben. De M. änderte alle Einigungstermine, die Koalition zerbrach, und er beendete das Kapitel DDR allein.

Als er einmal allen Mut zusammennahm, um eine der vielen Wahrheiten anzudeuten (die West-CDU hätte sich durch die Mitgift ihrer Ost-Schwester saniert), flog er aus sämtlichen Parteiämtern und zog sich aus der Politik zurück.

Maron, Monika

Obwohl M. das vierte Mal verheiratet ist, kennt man sie nur unter ihrem Künstlernamen, sie sei deshalb hier als Maron aufgeführt. Irgendwie wird man bei diesem Namen an Pilze erinnert, auch einer der vielen Mängel in der DDR. Es gab sie einmal im Jahr. Ihre Beschaffung erforderte gewisse Mühe, hatte aber auch eine gute Seite, man kam an die frische Luft und tat etwas für seine Gesundheit.

So war es auch mit anderen Mängeln. Entweder man verdrängte sie positiv (»Die Trauben sind viel zu sauer«, sprach der Fuchs, als er sie nicht erreichen konnte), oder man entwickelte Geschick, Intelligenz, baute ein Netz von sozialen Beziehungen auf, um seine Bedürfnisse zu befriedigen.

Von all dem weiß M. nichts, gar nichts. Sie kann auch nichts dafür, nicht einmal für ihren Namen. Den bekam sie, als der oberste Polizist der DDR, Karl Maron, sich ihre Mutter, Helene Iglarz, zur Kampfgefährtin erkor. (Ehefrauen von Funktionären ab einer bestimmten Gehaltsstufe nannten sich Kampfgefährtinnen.)

Die Mitglieder dieser Kaste lebten, geschützt durch Papas Pistolen, in einem geographischen, ökonomischen und psychischen Ghetto: zunächst in Pankow, später in Wandlitz. Sie konnten unbeschränkt über Bankkonten in jeder gewünschten Währung verfügen, verkehrten nur mit ihresgleichen und weltreisten mit Diplomatenpässen. Ihren Kindern wurde jeder Wunsch von den Augen abgelesen.

Wenn sich diese Kinder irgendwann einmal zum Zwecke ihrer Zerstreuung einer Ehe oder einer anderen scheinbar normalen Tätigkeit widmeten, die sie natürlich häufig wechselten, blieben sie, was das eigentliche Leben in der DDR betraf, »draußen vor der Tür«.

Bei Männern sagt man: »Ein Kavalier genießt und schweigt.« Bei Frauen ist das mit dem Schweigen schwieriger, wie M. bewies. Sie schrieb und schreibt Artikel und Bücher. Es soll darin auch um das Leben in der DDR gehen, sehr interessant.

Masur, Kurt

Wenn Walter Ulbricht zweimal im Jahr nach Leipzig fuhr, um die Messen zu eröffnen, war ein Abend für die »Guldur« reserviert. In seinem Falle hieß das Schauspielhaus. Das jeweilige sowjetische Stück wurde für ihn auf 45 Minuten zusammengestrichen.

Honecker, Trommler der Wiebelskirchner Schalmeienkapelle, wechselte zur Musik, in das Leipziger Gewandhaus. Dort wurde er am Eingang in feudaler Manier vom Direktor M. begrüßt. Zweimal im Jahr war das die Spitzenmeldung der Nachrichten. Ausführlich wurde aufgezählt, wer noch gelauscht hatte. Was gespielt wurde, erfuhr man nicht. Diese Ohnmacht der Oberen vor der Kunst verhinderte eine entsprechende gesellschaftliche Wertung, was dem Sport gelang.

Die SBZ hatte 1945 im wesentlichen Deutschlands Kulturgeschichte geerbt, die Heimat von Luther, Bach und Goethe, das Zuhause des Thomaner- und Kreuzchores, der Dresdner und Berliner Staatskapelle, des Gewandhausorchesters, der Berliner Singakademie usw. Die DDR fügte dem noch Unvergleichliches hinzu: Brechts Berliner Ensemble, Felsensteins Komische Oper... Mit diesen Pfunden wurde nicht angemessen gewuchert. Was den Institutionen versagt blieb, schafften Einzelne: die Welt bekannt zu machen mit ihren künstlerischen Fähigkeiten.

Einer davon, Kurt M., wurde 1927 im schlesischen Brieg geboren und besuchte als Kind die Breslauer Musikschule. Nach der Umsiedlung der Eltern beendete er sein Studium 1948 in Leipzig. Vom Opernrepetitor in Halle, der am Klavier mit den Sängern Rollen einstudieren mußte, diente und dirigierte er sich durch fast alle Orchester der DDR, Erfurt, Schwerin, Leipzig, Dresden, Berlin, bis er 1970 die Stelle des Leipziger Gewandhauskapellmeisters bekam. Unter M.s Leitung konnte das Orchester seinen traditionell guten Ruf bestätigen, und M. wurde ein in der ganzen Welt begehrter Gastdirigent. Trotzdem blieb M. ganz und gar Bürger der DDR. Als er z.B. dem immer leeren Staatssäckel für sein Orchester einen Neubau abgetrotzt hatte, legte er Wert darauf, daß beim Bau und der Ausstattung ausschließlich einheimische Firmen tätig wurden, und es entstand der akustisch beste Konzertsaal der DDR.

Im Herbst 1989 stellte er sich an die Spitze der fünf Leipziger, die einen möglichen chinesischen Ausgang der Leipziger Demonstrationen verhindern konnten. Wenig später wurde M. Chef der New Yorker Philharmoniker und pendelt seitdem zwischen der Alten und Neuen Welt. Für ihn war das Glück. Wäre er nur in Leipzig geblieben, hätte es ihm ergehen können wie dem Thomaskantor Rotzsch: die Keramikfreunde vom »Neuen Forum« hätten ihn mit ihrer Knete im Kopf und im Bündnis 90 mit den BILDblättern irgendeiner Stasi-Sache überführt und Herrn *Biedenkopf* gezwungen, sich leider, leider von ihm zu trennen. Sie haben es auch versucht. M. tat, was eigentlich jeder tun sollte, er belächelte sie kurz und flog wieder nach Amerika.

Aber wer von uns Sterblichen kann das schon, Maestro?

Meckel, Markus

Im Müncheberger Pfarrhaus, in der Nähe Berlins, wurde M. 1952 geboren. Die staatliche erweiterte Oberschule verließ er nach zwei Jahren, um auf einem kirchlichen Seminar Latein und Altgriechisch zu lernen. Das benötigte er für seinen Wunschberuf Pfarrer. In Naumburg und Berlin studierte er Theologie, gönnte sich aber danach eine zweijährige Pause als Hausmeister. In dieser Zeit »trieb er nebenher philosophische Studien zu Hegel und Nietzsche«. So ausgerüstet, verschlug es ihn als Pfarrer nach Vipperow/Mecklenburg. 1988 wurde sein Philosophie-Selbststudium doch noch gewürdigt: er leitete eine kirchliche Bildungsstätte in Niederndodeleben bei Magdeburg. Im Juli 1989 verfaßte er den SPD-Gründungsaufruf mit und war auch am 7.10. im Pfarrhaus Schwante bei der Parteigründung dabei. »Als Hegelianer wollte M. die konsequent funktionierende Partei«, »einen durchschlagenden Wahlkampf mit Hilfe der Schwesterpartei« führen und dazu »enge Bande nach Bonn« knüpfen. Die »massive Wahlkampfhilfe sollte angenommen« werden. So hat ihn sein offizieller Biograph zitiert.

M. bezeichnet sich als Hegelianer. Da muß er sich verlesen haben. Als Hegel-Fan hätte er eine »Partei an sich« fordern müssen, die sich durch Meckelsches Handeln verwirklicht. Was M. wollte, war eine rasche Angleichung der Ost-SPD an die Westpartei, die Entwicklung (Ontogenese) der Ostpartei sollte die schnelle Wiederholung (Rekapitulation) der Westpartei sein. Das ist aber nicht Hegel, sondern der Mann heißt Haeckel, Ernst Haeckel mit seinem biogenetischen Grundgesetz. Da müßte M. noch einmal auf den Umschlag schauen. Das ist aber nicht so wichtig.

Wichtiger ist, wie der Kanzler Kohl sagt, was beim Menschen hinten rauskommt. Das waren bei der Volkskammerwahl 1990 viele Wählerstimmen für die SPD, und für den Pionier aus Schwante war das der Posten des letzten Außenministers der DDR. Da galt plötzlich nicht mehr, was für seine Partei gelten sollte: die schnelle Ontogenese der DDR zur BRD.

Langsam, ganz langsam sollte es gehen. Seine Gründe dafür waren nicht politischer Natur, dann wären sie ja vernünftig gewesen, sondern mehr privater. Wann wird man schon mal Außenminister, und das sollte so schnell vorbei sein?

Pfarrersöhne haben einen stark ausgeprägten Familiensinn. Viele lächelten, als die Chefs im Außenministerium auf einmal Meckel hießen. Mehr konnte er während seiner Amtszeit nicht erreichen, als daß es ihm und seiner Familie einigermaßen gut ging.

Heute erreicht er dasselbe als Abgeordneter im Bundestag.

Merkel, Angela Dorothea

Neben den Herren *Krause* und *Ortleb* ist M. die dritte Ostperson, die es zu einem Ministerposten in Bonn gebracht hat. Gleich ihren männlichen Kollegen hat sie eine blitzsaubere Karriere in der Wissenschaft hinter sich. Auch sie beweist, daß Nichtmarxisten in der DDR fast alle Möglichkeiten hatten. Weil das aber nicht sein kann, glauben heute viele, etwas erfinden zu müssen, das sie in die Nähe von Widerstand oder Verfolgung rückt.

Im Fall der 1954 geborenen Pfarrerstochter M. ist das besonders komisch. Es sei Tatsache, daß ihr nach der Promotion zum Dr. rer. nat. »ihre engen kirchlichen Bindungen in der sozialistischen DDR eine Beschäftigung im Lehrbetrieb an der Universität verbauten« und sich ihr »nur eine Verwendung in der Forschung an der Berliner Akademie der Wissenschaften im Zentralinstitut für physikalische Chemie eröffnete«. Die Arme! Für die etwas unkundigen Leser: Das Gegenteil ist wahr. Jeder Wissenschaftler, vor allem Naturwissenschaftler, strebte danach, dem impotenten Universitätsmief zu entkommen, um eine der begehrten raren Stellen an der Akademie zu ergattern. Nur dort gab es Geld, Geräte, Publikationen und Visa. Das wissenschaftliche Bildungspensum war in der DDR so hoch, daß anscheinend für die Bildung eines Charakters wenig Zeit blieb.

Als M. 1989 in die Politik eintrat, konnte sie unglücklicherweise, aber verständlich, nur das zur Anwendung bringen, was sie bisher gelernt hatte. Neben ihrer Erfahrung als langjährige FDJ-Sekretärin betraf das vor allem die »Berechnung von Geschwindigkeitskonstanten von Elementarreaktionen am Beispiel einfacher Kohlenwasserstoffe« (Titel ihrer Promotion). Leider sind die Menschen keine Kohlenwasserstoffe, sie reagieren elementar auf Geschwindigkeiten nicht konstant, eher variabel. Manche sogar mit Selbstmord. Daraus ist M. kein Vorwurf zu machen. In ihrem Grundstudium des Marxismus-Leninismus hatte man ihr fälschlicherweise erzählt, daß die Natur und die Gesellschaft den gleichen Gesetzen gehorchen. Einfaches Beispiel: Mit der gleichen Notwendigkeit, mit der ein Stein nach unten fällt (Natur), wird der Sozialismus den Kapitalismus besiegen (Gesellschaft).

Ihre Kenntnisse von Naturgesetzen übertrug sie also auf die Gesellschaft und forderte im »Demokratischen Aufbruch« hohe Geschwindigkeiten beim Einigungsprozeß der deutschen Kohlenwasserstoffe. Man honorierte das zunächst nur gering, bei *Lothar de Maizière* war sie stellvertretende Regierungssprecherin. Deshalb wandte sie sich an *Günther Krause*, auch ein Gegner von Geschwindigkeitsbegrenzungen, und in dessen Sog kam sie nach Bonn.

Den Kanzler muß ihr Charme dermaßen betört haben, daß er ihr zuliebe von einem traditionellen Ministerium die »Gesundheit« abtrennte und ihr den Teil gab, der sich nur schwer gegen sie wehren kann: die Jugend und die Frauen.

Mittag, Günter

Mitte der achtziger Jahre zeigte M. seinem Chef und Waidgenossen E. Honecker ein Foto eines Münchner Auktionshauses: eine alte goldene Taschenuhr, darauf, aus roten Rubinen, Hammer und Sichel. Diese Uhr aus dem Zarenschatz hatte Lenin von einem Goldschmied sowjetisieren lassen und Karl Liebknecht geschenkt. Nach dessen Tod war sie verschollen, d. h. geklaut worden. Honecker nickte: Das wäre das richtige Geschenk für Michail Sergejewitsch Gorbatschow zum nächsten Parteitag.

M. beauftragte einen seiner Abteilungsleiter, und der fuhr mit einem Westberliner Strohmann nach München. Das Mindestgebot war 100 000 DM, sie dachten für »diese dämliche Zwiebel« (so dieser Abteilungsleiter später lt. Protokoll der DDR-Staatsanwaltschaft) »bis zum Doppelten gehen zu dürfen«.

Obwohl auch die sowjetische Seite mitbot, den Zuschlag bzw. die Uhr erhielt ein Kölner Antiquar für 300 000 DM. Als M. dies erfuhr, geriet er aus der Fassung: »Die Uhr muß her, koste es, was es wolle!« Der Abteilungsleiter mußte zwei Wochen später nach Köln und kaufte sie für nunmehr 750 000 DM.

Heute ist die Uhr wieder »verschollen«.

Diese Episode charakterisiert treffend die sogenannte Wirtschaftspolitik M.s: Geld spielte keine Rolle, wenn es um Politik ging. In einem 1991 im Berliner Aufbau-Verlag erschienenen Buch versuchte M., das etwas anders zu erklären. Das einzig Gute an diesem Buch ist das Foto auf dem Schutzumschlag. Es zeigt M. beim illustren Abendbrot während einer Hannover-Messe in trauter Zweisamkeit mit seiner Amtsnachfolgerin *Birgit Breuel*.

Modrow, Hans

Mit 17 Jahren wurde der 1928 im vorpommerschen Jasenitz geborene M. zum »Volkssturm« geholt und kam in sowjetische Kriegsgefangenschaft. Als er 1949 zurückkehrte, war seine Familie im Westen. Er blieb in der DDR, ging sogar noch einmal in die SU, um dort einen Einjahreslehrgang an der Komsomolschule zu absolvieren.

Seitdem arbeitete er als politischer Funktionär zunächst in der FDJ, später der SED Berlin. Schon damals war er ein Außenseiter in seinem Berufsstand; der Drang, sein Wissen zu mehren, war dort ungewöhnlich. Extern legte er an der SED-Parteihochschule die Prüfung als Diplomgesellschaftswissenschaftler ab, erwarb an der Hochschule für Ökonomie ein Diplom als Ökonom und promovierte schließlich 1966 an der Humboldt Universität zum Dr. rer. oec. Trotz dieser Bildung und seiner Westeltern wurde er 1967 Mitglied des ZK der SED und übernahm 1973 die Bezirksleitung der SED Dresden. Negativ fiel auf, daß M. mit seiner Familie eine gewöhnliche Dreiraum-Neubauwohnung bezog und sich wie selbstverständlich an der Hausreinigung beteiligte. Seine immer realistischer werdenden Berichte aus Dresden (dem Bezirk mit den meisten Ausreiseanträgen) führten im Frühjahr 1989 dazu, daß eine zentrale Kontrollkommission unter *Günter Mittag* bei einem Lokaltermin in Dresden »grobe Mängel in der politischen Massenarbeit« feststellte.

Im Oktober 1989 verlegte M. seinen Arbeitsplatz auf die Straße und installierte die ersten Runden Tische in Dresden.

Nach dem Sturz Honeckers und seiner engsten Vertrauten wurde M. Mitglied des Politbüros der SED und nach der Grenzöffnung zum Ministerpräsidenten der DDR gewählt. Die M.-Regierung versuchte gemeinsam mit den anderen Parteien und den Mitgliedern des »Zentralen Runden Tisches« eine sinnvolle allmähliche Angleichung der DDR an die BRD-Verhältnisse über den Weg einer Konföderation.

Diese Möglichkeit wurde von der Bundesregierung strikt abgelehnt, durch die offenen Grenzen bestimmte sie bereits die Politik der DDR. M. mußte kapitulieren, der Vorverlegung der Volkskammerwahl zustimmen und danach sein Amt an *Lothar de Maizière* abgeben.

M. wurde Ehrenvorsitzender der PDS und als Abgeordneter in den Deutschen Bundestag gewählt.

Daß Dankbarkeit keine politische Kategorie ist, weiß M. Zu Honecker-Zeiten vom Westen hofiert und mit Perestroika-Hoffnungen beladen, wird heute kein Versuch unterlassen, ihn zu kriminalisieren. Im Mai 1993 wurde er von einem Dresdener Import-Richter wegen »Wahlfälschung« verwarnt. Diesen Eintrag ins »Muttiheft« nahm er sehr ernst.

Man sollte ihm die Gelassenheit eines *Kurt Masur* wünschen, aber M. kann wahrscheinlich noch nicht einmal Noten lesen.

Müller, Heiner

Als der Rhetor Anaximenes einmal eine Disputation abhielt, machte sich Diogenes durch einen emporgehaltenen Salzfisch bemerklich, wodurch er die Aufmerksamkeit der Hörer auf sich ablenkte, und als jener darüber ungehalten war, sagte er: »Ein elender Salzfisch für einen Obolus hat genügt, der Disputation des Anaximenes ein Ende zu machen.«

(Aus D. Laertius: »Leben und Meinungen berühmter Philosophen«)

M. wurde einer breiten Öffentlichkeit bekannt durch die Tatsache, daß er an einigen Kaffeekränzchen in der Wohnung seines Freundes, des früheren stellvertretenden Intendanten der Berliner Volksbühne, Dieter Klein, teilgenommen hatte. Eingeladen dazu hatten Leute vom Ministerium für Staatssicherheit der DDR. Ob M. an diesen Kränzchen teilnahm aus schriftstellerischer Neugier, ob er dazu genötigt wurde oder nur aus der kindlichen Freude, auch einmal ein wenig an den Machthebelchen herumspielen zu dürfen, ist der Gegenstand vieler öffentlicher Erörterungen. Es wird leider weiterhin unbekannt bleiben, denn M. »wird sich dazu nicht mehr öffentlich äußern«.

M. ist, dies aber nur ganz nebenbei, der Sprach- und Denkgewaltigste dieses neuen Deutschlands. Seine Gedichte und Bühnenwerke werden nicht nur dieses Jahrhundert überdauern, sondern zukünftiges Denken und Schreiben wesentlich beeinflussen.

Hätte man nicht zufällig zwei Vernünftige unter seinen deutschen Bekannten, müßte man annehmen, zur Zeit unter achtzig Millionen Idioten zu leben.

Münch, Werner

Da auch Werner M. wie seine Amtskollegen *Biedenkopf* und *Vogel* römisch-katholisch ist, wird man nicht fehlgehen, dahinter keinen Zufall, sondern eine geschickte Strategie des polnisch besetzten Vatikans für die Ostfront Deutschlands zu vermuten. M. ist Jahrgang 1940. Nach dem Abitur begab er sich sechs Jahre lang zur Bundeswehr und erdiente sich dort die Schulterpickel eines Oberleutnants. Danach absolvierte er dieses Allerweltsstudium westlicher Politiker, das eine abgeschlossene Halbbildung hinterläßt: Politische Wissenschaften, Soziologie und Geschichte. Auf der katholischen Fachhochschule Osnabrück promovierte er, wurde zum Professor und Rektor ernannt und bald darauf zum Präsidenten aller katholischen Fachhochschulen, also zu einem Federhalter der katholischen Bischofskonferenz.

Als solcher und selbstverständliches Mitglied der CDU saß er auch einige Zeit im Europäischen Parlament.

Nach dem Herbst 1989 schickte man ihn nach Sachsen-Anhalt als Wahlberater seiner Partei, der damalige Gewinner *Gies* machte ihn zu seinem Finanzminister. Die dem Land von M. verordnete Fastenzeit fand die begeisterte Zustimmung des Finanzministers Waigel und stieß auf die schärfste Kritik der Betroffenen. Eine von der Bonner CDU initiierte und dem Hamburger SPIEGEL ausgeführte Kampagne gegen Gies hob M. auf den Sessel des Ministerpräsidenten von Sachsen-Anhalt.

Dort thronend vergaß er sämtliche Abstinenztage und Fastenzeiten, huldigte mit seiner West-Regierungsmannschaft dermaßen der Völlerei, daß selbst der Landesrechnungshof erbrechen mußte und man sie aus dem Land jagte.

Sein Nachfolger wurde der ostdeutsche Futter-Doktor *Bergner,* der beim formalen Bemühen um Rückerstattungen nur ein müdes Lächeln erntet.

Münzberg, Helmuth

Als dieser Name in den Zeitungen auftauchte, bekamen viele einen Schreck. Man erinnerte sich dabei unwillkürlich an einen SS-Mann aus Hamburg, Bullenhuser Damm, der im Jahre 1945 Kinder an Fleischerhaken aufgehängt hatte. Und der soll jetzt Generalstaatsanwalt in Schwerin werden? – fragten die letzten in der »stillen Post«.

Ganz so schlimm, stellte sich heraus, war es doch nicht. M. wurde nur stellvertretender Generalstaatsanwalt. Er war auch nicht der SS-Mann, der den Schreck ausgelöst hatte.

M. war vielmehr der Staatsanwalt, der diesen Fall bearbeiten sollte, den Fall des Arnold Strippel.

Dieser SS-Offizier Strippel hatte 1945, kurz vor Ende des Krieges, im Keller einer Hamburger Volksschule 28 Häftlinge aus dem KZ Neugamme sowie 20 kleine Kinder, das jüngste war fünf Jahre alt, aufgehängt. Für M. reichten die Beweise für die Schuld Strippels seinerzeit nicht aus, er stellte 1967 das Verfahren ein. Oft zitiert wurde in diesem Zusammenhang seine Wertung, die allerdings keinen Einfluß auf die Einstellung des Verfahrens hatte: »Ihnen«, den Kindern, »ist also über die Vernichtung ihres Lebens hinaus kein weiteres Übel zugefügt worden...«

Arnold Strippel wurde 17 Jahre später in einem Wiederaufnahmeverfahren doch noch verurteilt.

Neutsch, Erik

N. wurde bekannt als Stammgast der Bar im Interhotel »Stadt Halle«. Bei einer dieser allnächtlichen Verdrängungsaktionen machte er die Bekanntschaft der in Halle gastierenden Kölner Rockgruppe »Floh de Cologne«. Durch deren Aussehen, lange Haare und »Nietenhosen«, provoziert, verlangte er deren Entfernung aus der Bar. Ihre freundlichen Hinweise, daß sie Hotelgäste seien, zudem Mitglieder seiner Schwesterpartei DKP und Fans des Schriftstellers N., daß ihnen aber andersherum seine West-Wildlederjacke und das übergroße SED-Abzeichen daran auch nicht gefalle, steigerten seine Wut. Er beschimpfte sie als asoziale Chaoten, und bevor er auf sie losprügeln konnte, verließen die »Flöhe« diese gastliche Stätte.

N. wurde 1931 in Schönebeck als Arbeiterkind geboren, trat 1949 in die FDJ und SED ein und war bis 1960 Kulturredakteur der SED-Bezirkszeitung Halle. Danach schrieb er als einer der fleißigsten DDR-Schriftsteller eine Menge dicker Bücher, u.a. »Spur der Steine«, »Auf der Suche nach Gatt« und seine vier Bände »Der Friede im Osten«. N. war Mitglied der Akademie der Künste, des Vorstandes im Schriftsteller-verband und als SED-Bezirksleitungsmitglied der Kulturpapst von Halle.

Im Herbst 1989 fabrizierte er eine der ersten »Wende-Nachrichten«. Er entschul-digte sich öffentlich bei dem Volk der ČSSR für seine Darstellung der Ereignisse des Jahres 1968 und versprach, die entsprechenden Passagen umzuschreiben. Das hat er sicher auch getan, aber kaum einer wird es wissen, denn es ist nicht bekannt geworden, daß jemand nach dieser Androhung ein Buch von ihm lesen wollte.

Oelschlegel, Vera

»Mantje, Mantje, Timpe Te,
Butje, Butje in der See
Myne Fru, die Ilsebill
Will nich so, as ick wohl will.«

Oe. wurde 1938 geboren und studierte Schauspiel an der Filmhochschule in Potsdam-Babelsberg. Nach dem Studium verschlug es Oe. 1958 an das Theater in Putbus. Das muß sie gekränkt haben. Nach drei Jahren schaffte sie den Sprung zum Fernsehen, wurde aber dort auch nicht ihrer Begabung gemäß eingesetzt, und so gründete sie 1966 eine wandernde Songgruppe namens »Ensemble 66«. Ihre Ehen mit prominenten Schriftstellern wie Rücker und Kant brachten ihr einen Bonus, den sie benutzte, um mit dieser Gruppe in über zwanzig Ländern zu zeigen, daß die DDR nicht nur die große Kunst fördert. Butje führte sie in das Bett des Berliner SED-Chefs Konrad Naumann, der seitdem als »Surabaya-Konny« bespöttelt wurde, da Oe., trotz einer Mahnung der Weigel auch Brecht deutete. Als Morgengabe bekam sie das Theater im Palast der Republik sowie einen Professorentitel für Schauspielkunst. Sie lehrte auch an der Berliner Schauspielschule. Durch ungewöhnlich reichliche Gagen verpflichtete die Intendantin die Kunstprominenz der halben Welt. Trat sie selbst einmal auf, indem sie z. B. Rilke-Gedichte aufsagte, waren die Programmhefte der Premiere Kleinode der Buchbinderkunst: Goldschnitt in Leder gebunden. Unwillen erregte auch ihr zur Schau gestellter Lebensstandard. Neben dem gemeinsamen Häuschen in Wandlitz bewohnte sie noch ein Haus am Rande Berlins, ständig beparkt von Lieferautos westlicher Möbelfirmen. Ihr Kampfgefährte, darauf in einer Arbeiterversammlung angesprochen, erklärte, dieses Westgeld stamme aus ihrer Ehe mit Kant. (Daß Schriftsteller für Westauflagen kein Bargeld bekamen, sondern nur Intershop-Schecks, wußten die Arbeiter nicht.)

Oe.s Verlangen, noch einmal zu Butje zu gehen, führte Naumann immer enger an die Schnapsflasche. Seine Ausfälle gegen Honecker wurden dem hinterbracht, Naumann flog aus allen Ämtern und kam ins Potsdamer Staatsarchiv. (Privilegien behielt er, da er gedroht hatte, vor der Westpresse »auszupacken«.)

Oe. hatte sich abgesichert und Honecker anvertraut, ihre Tochter werde vom Stiefvater mehr geliebt als sie und Scheidungsabsichten geäußert. Diese Sensation vertraute sie auch 1990 in einem Buch einer breiten, aber größtenteils uninteressierten Öffentlichkeit an. Nach Honeckers Sturz schloß man ihr Theater.

Im Märchen vom Fischer und seiner Frau sitzen beide am Ende wieder in ihrem Pißpot.

Oe. soll heute wieder eine fahrende Truppe namens »Theater des Ostens« leiten. Nach einem Gastspiel vor westlichen Geldsäcken, die am Potsdamer Platz auch ein Operettentheater planten, erzählte man sich, Oe. sei als dessen Intendantin im Gespräch…

Oertel, Heinz-Florian

Oe. war der *Schnitzler* des Sports, als Starreporter der wichtigsten Wettkämpfe eine Art Alleinvertreter mit Super-Sondervertrag bei Radio und Fernsehen. Dazu noch ein Hans Dampf in allen Gassen, besonders in solchen, in denen er sich nicht zurechtfand, wie in den bunten Veranstaltungen »7–10, Spree-Athen«, oder noch origineller »He-he-he, Sport an der Spree«, ein »Kessel Buntes« oder »Porträt per Telefon«. Immer unterwegs, verdiente er sich dumm und dämlich.

Aber der Sonntagvormittag war oft noch frei.

»Zu Gast bei Heinz-Florian Oe.« hieß eine bunte Veranstaltung in Speisesälen Berliner Betriebe, in denen er Künstler vorstellte. Dort äußerte er sich bisweilen über Kunst und Politik. Peinlich. Er zeigte überall, daß er keineswegs gewillt war, sein Verhältnis zur deutschen Sprache in Ordnung zu bringen, er tapste von einem sprachlichen Fettnapf in den anderen, aber selbstbewußt.

Dies muß die politische Führung der DDR beeindruckt haben, er war ihr Mann, ihr Liebling, ja heimlich sogar ihr Vorbild: Große Fresse und nichts dahinter, wie es im Volksmund heißt.

Nach der »Wende« las man in einem Interview, auch er sei ein Opfer, gedemütigt, mißverstanden.

Fast alle Rundfunk- und Fernsehleute konnten irgendwo regional unterkommen, außer Schnitzler und Oe. Es wird ihm wenig ausmachen, er kann von Zinsen gut leben, zudem wird er 1993 Rentner, 65 Jahre, herzlichen Glückwunsch, Heinz-Florian!

Ortleb, Rainer

Die Gnade des günstigen Jahrgangs 1944 war auch O. beschieden. Außerdem hätte sein Leben nirgendwo günstiger verlaufen können als in der DDR. O. bezeichnet sich selbst heute als »Persönlichkeit mit Narben«. Die Wunden, die man ihm schlug, sind also Gott sei Dank schon verheilt. Er besuchte zu Hause die Oberschule, machte sein Abitur und ging nach Dresden, um dort Mathematik zu studieren. Von seinen 250 Mark Stipendium bezahlte er 10 Mark für das Internat, 5 Mark für die Monatskarte der Straßenbahn und 60 Pfennige für ein Mittagessen in der Mensa. In seiner wissenschaftlichen Laufbahn bekam er jeweils zum frühestmöglichen Zeitpunkt das entsprechende Amt. Er wurde in Dresden Assistent und Oberassistent, wechselte dann nach Rostock als Dozent und wurde schließlich Professor. Als solcher rechnete er mit einem Computer die nötigen Maße für Schiffe aus, was ihm, angesichts der weltweiten Werftenkrisen, nicht überall möglich gewesen wäre.

Bis hierher also weder Schläge noch Wunden, doch jetzt:

»1968 schloß er sich der LDPD an, die ihm die Möglichkeit bot, einer SED-Mitgliedschaft auszuweichen.« Das war ein hervorragendes Ausweichmanöver, denn die SED hatte Ende der sechziger Jahre für Akademiker einen zeitweiligen Aufnahmestopp verfügt. Diesen Schlag verkraftete er sehr bald, als er merkte, daß seine sich liberal nennenden Parteifreunde alles taten, um die Genossen der SED links zu überholen. Mit großem Eifer halfen sie, das Privateigentum ihrer Mitglieder, vor allem Handwerker, Gastwirte, Händler und Kleingewerbetreibende, zu »sozialisieren«, d.h. sie zu enteignen und ihr Eigentum in halbstaatliche oder genossenschaftliche Betriebe zu überführen. Das ließ sich sogar marxistisch-leninistisch begründen und auf der Parteischule der LDPD auf Schloß Bendikow lernen. Dazu waren alle wichtigen Funktionäre dieser Partei verpflichtet.

O. wurde 1987 einer, nämlich Vorsitzender des Kreisverbandes Rostock und Mitglied im LDPD-Bezirksvorstand.

In der Zeit, als sich seine Partei gewendet hatte, und zwar an die F. D. P. zwecks Übernahme, war O. ihr Vorsitzender. Der Chef der Westschwester, Graf Lambsdorff, durch viele Geldaffären gestählt, machte O. zu einem seiner Stellvertreter und wollte behende und weithin unbemerkt das beträchtliche Parteivermögen der LDPD sozialisieren. Der in der DDR allseitig ausgebildete O. wurde Bildungsminister in Bonn. Da Bildung im wesentlichen Ländersache ist, bleibt O. nur, das ihm vom Finanzminister Waigel zugeteilte BaFöG zu verteilen. Auf seine studentische Erfahrung aus DDR-Zeit muß er verzichten und zusehen, daß solche wie er, Kinder armer Leute, nun nicht mehr Professor werden können. Das kann weh tun. Vielleicht stammen seine Narben daher.

Im Februar '94 trat der noch nicht 50jährige vernarbte, aber sonst kerngesunde O. »aus gesundheitlichen Gründen« zurück. Die in Mode gebrachte Null- bzw. Minus-Runden-Tour hatte auch seinen Bafög-Topf erfaßt, ihn monatelang zum kleinen dummen Ossi gemacht, sein Einspruch galt Null, und seine Schamgrenze war überschritten, etwas ganz, ganz Seltenes, fast Exotisches in dieser F-Punkt, D-Punkt, P-Punkt.

Pech, Cyrill

Bei P.s Vornamen denkt man unwillkürlich an etwas Slawisches, an kyrillische Buchstaben. Die beiden aus Kleinasien stammenden Brüder Kyrill und Method kamen im 9. Jahrhundert als Missionare nach Mähren, predigten dort in slawischer Sprache das Christentum, übersetzten die Bibel und erfanden dabei die Schriftsprache der Slawen. Bibelübersetzungen, wie die Vulgata, die des Wulfila oder Luthers, sind Meilensteine der Sprachgeschichte.

P. ist Sorbe, also Slawe, daher sein Vorname. 1938 wurde er in der Nähe von Kamenz geboren. Er studierte in Halle Theologie und wurde 1963 Pfarrer in Riesa, später in Berlin.

Eigentlich sind Sorben, wenn sie Christen sind, Katholiken. P. ist eine Ausnahme. Aber auch als protestantischer Pfarrer war P. eher eine Ausnahme, denn er versuchte wohl von Anfang an, weniger die lateinischen oder kyrillischen Buchstaben, sondern mehr den Geist der Bibel zu erfassen. Der bestand für ihn in der allen Christen bekannten Stelle aus dem Brief des Apostels Paulus an die Korinther: »Wenn ich mit Menschen-, ja mit Engelszungen redete, hätte aber die Liebe nicht, so wäre ich wie ein tönernes Erz oder eine klingende Schelle…« (Korinther 13, 1–2)

P. trat bereits 1952 in eine Liebes- bzw. Freundschaftsgesellschaft ein, die Versöhnung und Frieden zwischen ehemaligen deutschen Eroberern und der nun slawischen Besatzungsmacht herstellen wollte, die Gesellschaft für Deutsch-Sowjetische Freundschaft (DSF). Seine sorbischen Sprachkenntnisse kamen ihm da zustatten.

Als die DDR-Organisationen enteignet und aufgelöst wurden, drohte das auch der DSF. P. als Pfarrer einer Gemeinde in Berlin-Marzahn übernahm die Leitung dieser zur Liquidation vorgesehenen Gesellschaft. Aufkommende Ausländerfeindlichkeit richtete sich im Osten Deutschlands vor allem gegen die Angehörigen der sowjetischen Streitkräfte, also fand er diese Gesellschaft nötiger denn je. P.s Pech war die Auflösung der Sowjetunion, ihre Umbenennung. So mußte sich auch seine Gesellschaft einen anderen Namen suchen. Sie heißt heute wohl »Gesellschaft der Freunde Rußlands e. V.« oder so ähnlich und macht bisweilen durch sinnvolle, unspektakuläre Aktionen von sich reden.

Perschau, Hartmut

Hartmut P., der auch noch Jörg Heinz heißt, zu dem aber Hart-Mut am besten paßt, wurde bekannt als Don Quichotte der CDU. Jahrelang kämpfte er zäh, aber vergeblich, gegen die Windmühlenflügel der Hamburger SPD.

1942 wurde er als Sohn eines Gdansker oder damals Danziger Kaufmanns geboren, seine Familie übersiedelte nach Kriegsende zunächst nach Brokdorf, später nach Hamburg. Nach dem Abitur ging P. zur Bundeswehr und wurde schon nach zwei Jahren Leutnant.

Von 1966 bis 1969 war er Jugendoffizier einer Division, also so eine Art FDJ-Sekretär, und brachte es bis 1974 bis zum Major. Als Mitglied der CDU ließ er sich von der Armee beurlauben, um mit seinen militärischen Erfahrungen ausgerüstet o.g. Kampf aufzunehmen. Da er als Umsiedlerkind wahrscheinlich wenig von der Geschichte Hamburgs wußte und als Offizier wenig von der Gegenwart, konnte er nicht ahnen, daß nur eine von der SPD verursachte Springflut die Mehrzahl der weltoffenen, aufgeschlossenen Hamburger in die Arme der CDU treiben konnte. Nach dreimaligen Wahlsiegen der SPD gab er auf. Da er sich mit seiner erfolglosen Hartnäckigkeit immerhin Achtung in seiner Partei erworben hatte, wollte man ihn nicht wieder zur Armee schicken. Für ein Amt in den alten Bundesländern hatte die CDU durch ständige Wahlniederlagen immer weniger Posten zur Verfügung, so daß als Gnadenbrot für ihre erfolglosen Politiker nur der Osten blieb. Hier gab es genügend CDU-Blockfreunde, deren Stasi-Verbindungen nach Bedarf abrufbar waren.

Nach kurzem Blättern im Autoatlas wird P. Magdeburg gefunden und gesehen haben, daß es nicht weit von Hamburg liegt. Also nahm er das Amt des Innenministers von Sachsen-Anhalt an. Im Dezember '93 mußte er die Strecke Magdeburg–Hannover–Hamburg ein letztes Mal fahren, denn z.Z. sind die Sachsen-Anhaltiner auf die als Aufbauhelfer getarnten West-Raffkes etwas sauer.

Pohl – Langnitschke

Im Gegensatz zu anderen Komikerpaaren, wie etwa Ilf/Petrow oder Dick & Doof, gaben diese beiden nur ein relativ kurzes Gastspiel. Beide waren SED-Funktionäre der zweiten Reihe in den Bezirksleitungen Halle bzw. Magdeburg. Nach der Ergänzung der SED durch das Kürzel PDS rückten sie nach vorn. Aus ihrer bisherigen Arbeit wußten sie, ihre Chefs hatten sich nie um solche Kleinigkeiten gekümmert, wie wichtig Geld für eine Partei ist. Das Geld der SED/PDS aber war hochgradig gefährdet, denn die mit Westleuten bestückte »Kommission zur Überprüfung der DDR-Parteienvermögen«, eigens für die Enteignung der SED gegründet, hatte sich einen ehemaligen SED-Funktionär, den persönlichen Referenten des einstigen Berliner Parteichefs Naumann als Sachverständigen gedungen. Der kannte alle Tricks. Das wußten die beiden, also mußte ein Einfall her, was wiederum von ehemaligen SED-Funktionären etwas viel verlangt war, und von daher konnte ihnen nur Blödsinn einfallen.

Dieser bestand in der Moskauer Scheinfirma »Putnik«, einer norwegischen Bank ohne Bankgeheimnis, einem großen Koffer und einem, dem BND bestens bekannten, Plan. Die Sache endete wie jeder Film der Olsenbande im Knast. Bei den Finanzexperten der anderen bundesdeutschen Parteien wird die Stümperhaftigkeit dieser Transaktion nur ein arrogantes Zucken der Mundwinkel verursacht haben.

Für viele SED-Genossen, die sich z. T. früher schamlos durch ihre Parteizugehörigkeit bereichert hatten, war dies ein willkommener Anlaß, um, »moralisch entrüstet«, aus der SED/PDS auszutreten.

Poppe, Gerd und Ulrike

Gerd P., die Reihenfolge richtet sich nach dem Alphabet, wurde 1941 in Rostock geboren und absolvierte nach dem Abitur ein Physikstudium. Als Diplomphysiker arbeitete er in der Industrie auf dem Gebiet der Halbleiterforschung. 1976 kündigte er in diesem Betrieb, weil ihm die Akademie der Wissenschaften eine Stelle angeboten hatte. Um ein Haar wäre er ein Kollege von *Angela Merkel* geworden. Dummerweise aber hatte er in einem Brief an Honecker gegen die »Ausbürgerung« *Biermanns* protestiert. Die Akademie widerrief daraufhin ihr Angebot, und der Betrieb wollte die Kündigung nicht mehr zurückzunehmen. Also stand Gerd P. auf der Straße. Er fand zunächst Arbeit in einer Schwimmhalle als Hausmeister, später als Ingenieur in einer kirchlichen Einrichtung. Gerd P. ließ sich 1979 von seiner ersten Frau scheiden und heiratete die 12 Jahre jüngere Ulrike Wick.

Ulrike P. hatte nach dem Abitur ein Lehrerstudium im Fach Kunsterziehung und Geschichte aufgenommen, dieses aber nach zwei Jahren abgebrochen. Zu der Zeit, als sie Gerd P. kennenlernte, arbeitete sie als Hilfskraft im Museum für Deutsche Geschichte.

Bekannt wurden beide als Mieter einer vielleicht 40 Quadratmeter großen Wohnung im Prenzlauer Berg. Bei den dort durchgeführten Kulturveranstaltungen fanden »bis zu einhundert Zuhörer« Platz. Später stellte sich heraus, daß mindestens 44 von ihnen Mitarbeiter des MfS waren.

Im Herbst 1989 waren die beiden P.s Mitglieder verschiedener politischer Gruppen: Gerd P. war in der »Initiative Frieden und Menschenrechte«, Ulrike P. in »Demokratie jetzt«.

Beide sind seit dieser Zeit hauptamtliche Politiker.

Gerd P. nahm an Gesprächen am »Runden Tisch« teil, wurde Minister ehrenhalber in der Modrow-Regierung, Abgeordneter der Volkskammer und des Deutschen Bundestages.

Ihr gemeinsames Ziel, die Wohnungsmiete auch weiterhin bezahlen zu können, haben sie damit vorläufig erreicht.

Person Ihrer Wahl

Die an dieser Stelle in früheren Auflagen behandelte VIP (sehr wichtige Persönlickeit) hat sich ihre Unwichtigkeit von einem Gericht bescheinigen lassen.

Wir sind gehalten, dies anzuerkennen und stellen Ihnen, liebe Leserin und lieber Leser, diese Seite für eine Persönlichkeit Ihrer Wahl zur Verfügung.

Wenn Ihnen niemand aus Ihrer Umgebung einfällt, dem Sie das – nunmehr auch eigenhändig gestaltete – Buch schenken könnten, tragen Sie sich selbst ein. Vielleicht ist es dann das erste Buch, in dem Ihr Name steht. Aber irgendwann muß man ja damit anfangen, also nur Mut!

Name: _____ Vorname: _____

Ohne Einwilligung zur Welt gebracht, wann: _____

Von wem (und Berufe): _____

Zwangseingeschult von/bis: _____

Anstatt des Wunschberufes: _____

Lehre als bzw./und Abitur: _____

Nichtzulassung zum Studium im Fach: _____

befehlsgemäß ausgewichen auf ein
Studium (Dauer, Ort, Fachrichtung): _____

Beinahe exmatrikuliert wegen: _____

Trotzdem Abschluß als: _____

Die mir auf Grund meiner
Qualifikation zustehende Tätigkeit als: _____

wurde mir verwehrt wegen: _____

Statt dessen nur beschäftigt als: _____ in: _____

Für diese Arbeit und das Überleben meiner
Familie unbedingt nötige Zugehörigkeit zu
folgenden Parteien und Massenorganisationen: _____

Nicht ablehnbare Auszeichnungen und Orden: _____

Tatsächliche bzw. beinahe verbüßte Gefängnisstrafen: _____

Sonstige erlittene Repressalien (bei Bedarf Blatt anfügen): _____

Teilnehmer/in welcher
Demonstration im Revolutionsherbst 1989: _____

Heutige Parteizugehörigkeit und
Übernahme welcher politischen Verantwortung: _____

Höhe des gegenwärtigen Einkommens: _____

Rathenow, Lutz

Eine junge Dame hatte sich als Rundfunksprecherin beworben. Da sie lispelte, wurde sie abgelehnt, erzählte aber überall, sie sei nicht genommen worden, weil sie nicht in der SED war.

In der ersten Auflage befanden sich an dieser Stelle noch weitere 26 Zeilen über L.R., die der Verlag aber auf vielfachen Wunsch nicht mehr nachdruckt.

Zum einen zeigte sich auf den zahlreichen Lesungen des Autors, bei denen er stets die Zuhörer entscheiden läßt, welche Vita er vorlesen soll, daß diejenige von L.R. kein einziges Mal begehrt wurde. Zum anderen entsprach der Text auch den persönlichen Intentionen Herrn Rathenows nicht sonderlich, wie er in ausführlicher Prosa an Verlag und Autor verlautbarte.

Diesem dringenden Demokratie-Bedürfnis einer breiten Leserschaft tragen wir hiermit Rechnung.

Rau, Rolf

Auf der Demonstration am 4. November 1989 auf dem Berliner Alexanderplatz fiel zum ersten Mal das Wort »Heldenstadt Leipzig«. Dem Schriftsteller Hein war es in der Aufregung herausgerutscht. Die Leipziger selbst sahen ihre Montags-Rundgänge etwas nüchterner. Aber sie werden mit Wehmut daran zurückdenken, damals waren sie noch wer, es berichtete die ganze Welt über ihren Mut! Bei den Mutigsten reichte der Mut auch, danach politische Verantwortung zu übernehmen: im Stadtparlament, im Landtag, einige sogar als Abgeordnete des Deutschen Bundestages in Bonn.

Einer der Mutigsten war und ist Rolf R.

Man sieht das dem 1944 bei Leipzig geborenen Bauingenieur nicht unbedingt an, er sieht aus wie Frank Schöbel, aber das täuscht. Zielstrebig, strategisch geschickt dosierte er seinen Mut. »Kairos« nannten die alten Griechen dieses Zauberwort, den rechten Zeitpunkt zum Gelingen einer Sache.

1976 war er der CDU beigetreten, 1989 ließ er sich zum CDU-Chef des Bezirkes Leipzig wählen. Das war zu dieser Zeit sehr mutig, denn jeder andere drohte einem mit Gericht, wenn man ihm noch ein Amt auf dem untergehenden Schiff »DDR« anbieten wollte.

Die Feiern zum 40. Jahrestag begannen mit Gegenfeiern auf der Straße. R. bewies Mut und hielt sich als einer der wenigen geschickt zurück. Mehr noch, er initiierte am 14. Oktober eine Erklärung, in der es hieß: »Ein untauglicher Platz für jedes (!) Gespräch ist die Straße, die öffentliche Demonstration.«

Als Honecker, Mielke, *Mittag* gestürzt waren, *Krenz* die Scherben zusammenklaubte, die »Oischlan, Oischlan«-Rufe unüberhörbar vom Ring heraufschallten, stellte R. sich mutig ans Rednerpult des Leipziger Bezirkstages und erklärte: »Wir wollen einen Sozialismus aufbauen, wo ehrliche Arbeit an erster Stelle steht.«

Das hätte ihm früher drei Jahre Bautzen eingebracht. Diesmal hatte er die Grenzen ausgelotet, war bis zum äußerst möglichen gegangen, hatte das rechte Wort zur rechten Zeit gewählt.

Ein paar Wochen später, als sich *Modrow* das »Deutschland einig Vaterland« abgequält hatte, formulierte er, vor dem gleichen Bezirkstag: »Wir treten ein für Frieden und Freiheit, eine soziale Marktwirtschaft, für die Einheit Deutschlands, Demokratie und Gerechtigkeit in einer Solidargemeinschaft.«

Das meinte er schon immer, aber diesmal sagte er es mit neuen Vokabeln, wie leicht konnte man sich beim Ablesen verhaspeln und ausgelacht werden! Aber wer so mutig ist, scheut selbst solche Gefahr nicht und muß die anderen Leipziger Helden im Deutschen Bundestag vertreten.

(Zitate aus: »Blockflöten«, Kiepenheuer & Witsch, Köln 1991)

Rehberg, Eckhardt

Den CDU-Fraktionsvorsitzenden im Landtag von Mecklenburg-Vorpommern, Eckhardt R., haben seine »Genossen« vom Flakregiment 4 in Zingst, mit denen er seinen Grundwehrdienst absaß, als ausgesprochene »Pflaume« in Erinnerung. Auf der Sturmbahn, beim Rennen unter einer Gasmaske, bei langen Märschen mit Gepäck oder womit sonst Armeen junge Staatsbürger belustigen: R. war der Letzte und mußte, wie sie sagen, von den anderen ins Ziel geschleppt werden. Heute wird er das politisch motivieren, als Widerstand gegen das »Regime«. Es war sein einziger.

R. wurde 1954 in Ribnitz-Damgarten geboren.

Da er angibt, katholisch zu glauben, müssen seine Eltern einst als Asylanten aus Schlesien oder den Sudeten ins protestantische Mecklenburg gekommen sein. R. lernte nach der Schule Datenverarbeitung und studierte Informatik. Zunächst war er Leiter einer Dreckschleuder namens »VEB Hartfaserplattenwerk«. Mitte der achtziger Jahre berief man R. zum Direktor des VEB Ostseeschmuck Rostock. 1984 steckte er sich dazu die CDU-Brosche an, wurde Kreisvorsitzender von Ribnitz-Damgarten und einer der engsten Freunde des Bad Doberaner CDU-Chefs *Günther Krause*. So kam er in den Vorstand der DDR-CDU und später in den Mecklenburger Landtag. Nun kann er endlich seinen »Genossen« beweisen, daß er keine »Pflaume«, sondern eck-hart ist. Gegen R.s Fraktions-Regime war die SED ein Freidenkerverband, angesichts seiner Brüllereien im Landtag war Chruschtschows UNO-Auftritt gesittet.

Woher kommt plötzlich der hohe Blutdruck?

Wer weiß, vielleicht könnte jemand auf die Idee kommen, sich Urteile eines Rostocker Gerichts anzuschauen, bei dem R. als Schöffe mitwirkte?

Rehm, Stephanie

»Vorwärts, Freie Deutsche Jugend, der Partei unser Vertraun, an der Seite der Genossen wolln wir heut das Morgen baun, wolln wir heut das Morgen baun.«

Da die »Genossen« und die »an der Seite« gestern nicht einmal das Gestern aufzubauen schafften, mußte Stephanie R. mehrere Monate lang das schwere Amt einer Bildungsministerin Sachsens ausüben. Sie hätte sicher viel lieber den Kindern weiter Russisch und Englisch beigebracht und, oft den Musiklehrer vertretend, mit ihnen o. g. Liedchen geträllert.

R., Jahrgang 1950 und seit Beginn ihres Pädagogikstudiums Mitglied der CDU, hatte vor allem gelernt, daß die Schule sauber sein muß. Margot legte den größten Wert auf Sauberkeit. Nicht nur die Klassenzimmer, der Schulhof, der Essenraum sollten sauber sein, vor allem sollte ideologische Sauberkeit herrschen.

Die Lehrpläne waren sauber, der Unterricht war sauber, das Pionier- und FDJ-Leben sollten auch sauber sein, und wer andersdenkenden Schmutz in die Schule trug, war zu entfernen. So sollte es sein, wurde immer wieder den Lehrerstudenten gelehrt.

Daß Margot es nicht ganz geschafft hatte, außer an der Berliner Ossietzky-Schule, sollte die Wahl-Chilenin nicht traurig stimmen. Stephanie hat es auch nicht ganz geschafft.

»Saubere Schulen« fordert sie für Sachsen, »Sauber muß eine Schule sein«, wird sie in Sachsens Zeitungen zitiert. Unter Schmutz verstand R. wahrscheinlich die gestrige Sauberkeit. Die Besen waren die gleichen geblieben.

Geändert haben sich wohl einige Lieder im Musikunterricht, ein passendes für Sachsen war: »Ein Mobbs gam in die Güche...«

Im Februar 1993 kündigte die Reinigungskraft R., und das auch wie gewohnt, »aus gesundheitlichen Gründen«. Dies wäre als Grund sogar verständlich. Angesichts der Vorgabe für östliche Bildungsminister, die bisherigen Klassenstärken fast verdoppeln und dadurch die Bildung halbieren zu müssen, kann jedem normalen DDR-Lehrer nur schlecht werden.

Reich, Jens Georg

In Krisenzeiten verlangt die Gesellschaft nach klugen Köpfen, nach auswegweisender Intelligenz. Ist die Krise vorbei, drängelt sich wieder das Mittelmaß auf die Sessel der Politik.

Jens R. gehört zu ersteren. Geboren 1939 in Göttingen, verbrachte er Kindheit und Schulzeit in Halberstadt. An der dortigen Dom- und Ratsschule machte er sein Abitur und studierte an der Berliner Humboldt-Universität Medizin. Nach einer Pflichtassistenz, wieder in Halberstadt, begab er sich nach Jena, um an der Friedrich-Schiller-Universität ein biochemisches Fachstudium aufzunehmen, welches er 1968 abschloß. Zwischendurch promovierte er in Berlin. Es zog ihn in die Forschung, zum Zentralinstitut für Molekularbiologie. Dort wurde er Leiter der Abteilung mathematische Biologie, Spezialist für Computeranwendung in Biologie und Medizin. Zwei einjährige Forschungsreisen führten R. an das Institut für Biologische Physik der sowjetischen Akademie der Wissenschaften in Puschtschino, 1979 wurde er in Berlin zum Professor berufen.

R. wollte und mußte in keine politische Organisation eintreten, obgleich er nie unpolitisch war. So geriet er in die Anfänge des »Neuen Forum« und war lange Zeit dessen seriöses Aushängeschild. Auf der Kundgebung am 4. November auf dem Berliner Alexanderplatz malte er das Bild einer geänderten, eigenständigen DDR und erhielt dafür millionenfachen Beifall.

Doch die anderen Millionen entschieden sich damals anders. Seinesgleichen wurden an den Rand gedrückt, ihre Mahnungen verhallten ungehört. Die Hast beim Zusammennageln der beiden Deutschländer machte ihn zunehmend sprach- und wirkungslos.

Die Machtverhältnisse hatten nur kurz gekriselt, schnell wurden sie stabilisiert. Für Leute wie Jens R. war kein Platz mehr in der Politik. Den letzten Versuch, ihm einen zu schaffen, und zwar als Bundespräsident, nahm er selbst sogar ernst, aber als Naturwissenschaftler sollte man ihm das nicht verübeln.

Reichenbach, Klaus

In den ersten Jahren der DDR brauchten Betriebsdirektoren nur eine gute Kaderakte, später etwas mehr. Berufsausbildung und Fachstudium hatten die meisten. Aber in keinem Fachstudium hörte man etwas von Embargos, Planzwängen, Wunschträumen der DDR-Führung, Faulheit, Schlamperei und Geldmangel für Investitionen. Um das zu verstehen, wurde man politisch geschult, jede Partei hatte ihre eigene Bildungsstätte, die Lehrpläne waren gleich.

R. war Betriebsdirektor, 1945 in Altenberg geboren, nach dem Abitur lernte er Maschinenbauer, besuchte eine Fachschule für Textiltechnik. Mit 24 Jahren wurde er Mitglied der CDU und leitete bis 1988 verschiedene Textilbetriebe im Bezirk Karl-Marx-Stadt. Im Fernstudium erwarb er zwei Diplome als Staatswissenschaftler und Jurist. In dieser Zeit muß er seinen Betrieb »VEB Goldfasan« vernachlässigt haben. Dieser produzierte Damen-Unterwäsche. In den Sitzungen des SED-Politbüros wurde der Mangel an Damenschlüpfern oft gerügt. Man suchte und fand den Schuldigen, den Unionsfreund R. Der CDU-Hauptvorstand wurde informiert, und beeilte sich, diese Scharte wieder auszuwetzen. Eine Delegation begab sich zu R. und der »...verpflichtete sich, den Jahresplan mit drei Tagesproduktionen an verfügbaren Untertrikotagen für Damen zu überbieten«. (Zitat aus »Blockflöten«, Kiepenheuer & Witsch, Köln 1991, S. 221)

Das machte ihn würdig, hauptamtlich in die Politik einzusteigen. 1987 holte man R. in den Hauptvorstand der CDU, ein Jahr später wurde er CDU-Chef des Bezirkes Karl-Marx-Stadt, Mitglied der Volkskammer und in der Regierung von *Lothar de Maizière* Minister im Amt des Ministerpräsidenten. 1990 bekam er von der CDU die Bezirke Desden und Leipzig dazu und nannte sich Landesvorsitzender der CDU Sachsens. Ehemalige Mitglieder des »Neuen Forum« aus Sachsen, die konsequenterweise zur CDU wechselten, nahmen Anstoß an dieser Altlast, bis sich der Neusachse *Biedenkopf* dieses Amtes annahm. Für die ehemaligen Forum-Leute war R. nur ein Vorwand, mit ihm wurden vor allem andere Altlasten entsorgt. Auf deren Sesseln sitzen sie nun selbst.

Für R. blieb »nur« der im Deutschen Bundestag. Den können sie ihm nachträglich nicht nehmen, denn gewählt ist gewählt.

Rohwedder, Detlev Karsten

Im Jahre 1985 wurde in Rostock-Poppendorf ein Düngemittelwerk gebaut. Als es fertig war, hatte man vier Milliarden Mark ausgegeben, davon zwei Milliarden an eine schwedische Firma in West (vier Milliarden sind viertausend Millionen Mark).

Das Werk hat seit seiner Inbetriebnahme nicht einen Tag stillgestanden. Es wurde 1990/1991 von der Treuhand »verkauft«. Der Preis betrug, inklusive zusätzlichen 250 ha Bauland, diesmal nicht eine D-Mark, sondern 250 Millionen DM. Das ist etwa der 16. Teil, das heißt sechs Prozent des ursprünglichen Wertes. Käufer war die norwegische Chemiefirma Norske-Hydro.

Ein Mitglied des Vorstandes dieser Firma hieß Detlev Karsten Rohwedder und war Präsident der Treuhandanstalt.

Möglicherweise ist dieses Geschäft nicht überall auf Zustimmung gestoßen. Eine Chemiefirma namens »RAF« ist allerdings unbekannt.

Schabowski, Günter

Im vorpommerschen Anklam wurde Sch. 1929 geboren. Er begann nach dem Zweiten Weltkrieg als Botenjunge. Das blieb er sein ganzes Leben lang, obwohl man es immer anders bezeichnete.

Bei einer Gewerkschaftszeitung nannte man das Volontär, Hilfsredakteur und später stellvertretender Chef. Nach Studien in Leipzig und Moskau hieß er 1968 im SED-Zentralorgan »Neues Deutschland« Vizechef, seit 1978 Chefredakteur. Sch. galt immer als ein besonders devoter und vorauseilend gehorsamer Botenjunge. 1981 wurde er Kandidat, 1984 Mitglied des Politbüros der SED. 1985 übernahm er die Bezirksleitung der Berliner SED von Konrad Naumann, der wegen im Suff geäußerter Kritik an Erich Honecker entlassen worden war. Bekannt bei den Leuten wurde Sch. durch ein Versehen: »Ich trinke wie jeder normale Werktätige abends vor dem Fernseher meine Büchse Bier…«, hatte er einmal öffentlich geäußert. Ihm war nicht bekannt, daß es Büchsen-Bier in der DDR nur im Intershop und in Wandlitz gab. Er wurde deshalb als »Büchsen-Schabbi« bespöttelt.

Nach dem Sturz der alten SED-Führung versuchte er vergeblich, den Anschein eines Reformers zu erwecken. Durch ein anderes Versehen erlangte er traurige Berühmtheit. Als Botenjunge des SED-Politbüros verlas er auf einer Fernseh-Pressekonferenz eine Nachricht, die ihm während der Sendung zugesteckt wurde, mit falscher Betonung. Das dadurch entstandene Mißverständnis führte zur Öffnung der Grenze.

Seither versucht Sch. seine Vorruhestandsrente durch Enthüllungsliteratur bzw. Fernsehauftritte im »Waschsalon« oder »Rudis Reste Show«, z.T. mit Strohhut in Hängematten liegend, aufzubessern. Als das ohnehin kaum vorhandene Interesse daran völlig verschwunden war, zog er ins hessische Rotenburg und verdingte sich dort, wie einst 1946, als Volontär, diesmal bei der Werbezeitung »Heimat-Nachrichten«. Die Heimat dankt!

Schalck-Golodkowski, Alexander

Thomas Müntzer schickte einst einen seiner engsten Vertrauten mit dem gesamten Bargeld der Bauernschaft nach Nürnberg, um Schießpulver für die Entscheidungsschlacht in Frankenhausen zu kaufen. Der Mann und das Geld wurden nie wieder gesehen.

Schalck ist ein althochdeutsches Wort und bedeutet Diener oder Knecht. Aber wer ist Golodkowski? Ist es sein Herr? Oder sind es mehrere?

Diese Frage versuchen derzeit Damen und Herren eines Bundestagsausschusses zu klären. Sie werden es nicht herausfinden, weil sie es nicht wollen oder dürfen. Um sie also nicht in Verlegenheit zu bringen, nur so wenig: Sch. war offiziell Staatssekretär im Ministerium für Außenhandel. Nach außen wurde von der DDR alles gehandelt, was nicht niet- und nagelfest war: Die Hälfte der westlichen Versandhaus-Kataloge, Gefangene, alte Gemälde, Waffen, Bauarbeiter (leihweise) usw. (Witz: Hoffentlich gibt es kein schönes Wetter, die exportieren das auch noch.) Eingekauft wurden dafür Apfelsinen (zu Weihnachten), Kaffee, Erdöl, Müll, alles für Wandlitz...

Bei einigen Produkten im Hin und Her hätte sich ein sozialistischer Arbeiter-und-Bauern-Staat schämen müssen. Deshalb wurde ein quasi bürgerlicher Verein gegründet, der keine Skrupel brauchte und haben durfte: Kommerzielle Koordinierung (KoKo).

Anfangs warf den Genossen Mitarbeitern wohl noch bisweilen ihre alte internationalistische Moral einige Knüppel zwischen die Beine, das gab sich aber mit der Zeit. Die Arbeit formt den Menschen. So saß im japanischen Handelshaus eine Abteilung der KoKo, die mit dem Hunger in der Welt Geschäfte machte. Sie recycelte, verwertete den Abfall der Firma *Markus Wolf.* Die KoKo erfuhr von ihr, wo in der Welt gerade großer Hunger herrschte, aber Zahlungsfähigkeit. Man informierte, wo andererseits der Weizen am Verfaulen war und welches Schiff unter welcher Billigflagge gerade eine Leerfahrt hatte. Daraus wurde ein Geschäft zum Wohle der Deutschen Demokratischen Republik. Prost!

Auch diese Firma bewies, daß der Unterschied zwischen Kapitalismus und realem Sozialismus bisweilen unerheblich war.

Daß zwischen den Managern von KoKo und ihren Westpartnern Vermittlungsgebühren, Gratifikationen, Dotationen oder wie diese Schmierseife noch heißt, ausgetauscht wurden, vor allem, wenn es um Milliardenkredite ging, ist das normalste der Welt. Es soll nur nicht soviel darüber geredet werden, da sich der Heiligsprechungsprozeß einiger Bayern dadurch verzögern könnte.

Es ist nicht bekannt, daß ein leitender Mitarbeiter von KoKo je ein Arbeitsamt von innen gesehen hat. Auch dem Chef Sch. soll es einigermaßen gutgehen.

Schenk, Peter

Der 1938 in Weimar geborene Sch. ging in den Westen, studierte Germanistik und Mediävistik, kennt also bestens die Sitten des Mittelalters. Ausprobiert hat er sein Wissen zunächst in der Wirtschaft. Danach wurde Sch. Lehrer, später Schulamtsdirektor.

In Wernigerode im gleichen Amt, ohrfeigte er in aller Öffentlichkeit einen seiner Ost-Schuldirektoren. In Wernigerode ahnt man jetzt, wie das mit der deutschen Einheit gemeint ist.

Schirmer, Herbert

Aus Sch. hätte etwas werden können, wenn er die Gabe besäße, sich verstellen zu können. Diese Gabe besitzt Sch. anscheinend nicht, und so leitet der ehemals letzte Kulturminister der DDR und CDU-Chef des Bezirks Frankfurt (Oder) heute in der brandenburgischen Kleinstadt Beeskow ein kleines Museum. Er ist sein einziger Mitarbeiter.

Sch. wurde 1945 in Eisenach geboren, lernte Buchhändler, war ab 1977 Chefredakteur des Dresdener Intelligenzblattes »Kultur-Report« und wechselte danach zum »Verlag der Kunst«.

Der Herbst 1989 erwischte ihn als wissenschaftlichen Mitarbeiter der Staatlichen Kunstsammlungen Cottbus. Im November 1989 wurde Sch., seit 1985 CDU-Mitglied, in seinem Heimatbezirk Frankfurt (Oder) zum Parteivorsitzenden gewählt vor allem von den Mitgliedern, denen eine neue, demokratisch selbstbestimmte DDR vorschwebte. Diese Gruppe wurde schnell zu einer unbedeutenden Sekte, die bald ganz verschwunden war.

Als Kulturminister unter *Lothar de Maizière* hatte er ständigen Umgang mit den Größen der DDR-CDU. Hier erlebte er das seiner Meinung nach sittenwidrige, schleimige Verhalten seiner Unionsfreunde. Es »ekelte ihn an«, wie er einmal öffentlich bekannte. So trat er, nachdem er ein halbes Jahr lang seinen einmal abgegebenen Ministereid erfüllt hatte, aus der CDU aus und verabschiedete sich aus der Politik.

Sch. war so ein rares Exemplar, daß man sich extra einen Hut hätte kaufen mögen, um diesen vor ihm zu ziehen. Aber für einmal Ziehen wäre das eine zu große Ausgabe. Heute ist Sch. Leiter der SPD-Kulturkommission in Brandenburg.

Schnitzler, Karl-Eduard von

Das »von« hat der 1918 in Berlin geborene Sch. von seinem Vater geerbt, einem königlich-preußischen Legionsrat. Viel mehr konnte der ihm nicht vererben, denn kurz nach Sch.s Geburt war es mit König und Preußen zu Ende. Heute soll sein Name in ostdeutschen Grundbüchern irgendwelche Schlösser und Güter bezeichnen, er und seine Familie haben aber keinerlei derartige antiquarische Ambitionen.

Sch. machte 1937 Abitur, studierte zwei Jahre Medizin und mußte dann Soldat werden. Trotz »von« brachte er es nur zum Obergefreiten und geriet als solcher 1944 in britische Gefangenschaft. Dort in England las Sch., was Markus Wolf in Moskau tat, vor den Mikrophonen des BBC den Deutschen schlechte Nachrichten vor. Nach Kriegsende setzten ihn die Engländer beim NWDR als Intendanten ein. 1947 übersiedelte Sch. in die SBZ. In Berlin wurde er Rundfunk-Chefkommentator und ging, als das Fernsehen der DDR gegründet wurde, in gleicher Funktion dorthin.

Seit 1960 beglückte er jeden Montag abend die Zuschauer dieser Anstalt mit alten Ufa-Filmen und der anschließend ähnlich gestalteten Sendung »Der schwarze Kanal«, in welcher er das Westfernsehen beschimpfte. Die Zuschauer kannten ihn, wie es hieß, nur als »Schnitz«, bei »ler« hatten sie bereits umgeschaltet. Beim letzten Kanal verabschiedete er sich mit der Anrede: »Liebe Genossen!«, einem Irrtum seinerseits.

Obwohl schon lange in Rente, gibt er keine Ruhe. Er demonstrierte vor der Haftanstalt Moabit für die Freilassung Honeckers und schrieb Bücher wie »Meine Schlösser oder wie ich mein Vaterland fand« (1989) oder »Der rote Kanal« (1992). Als »Sudel-Ede« bezeichnet – diesen Ball nimmt er ganz locker auf und schafft sich so viele neue Fans – war er jüngst wieder im Fernsehen. Die satirische Sendung »Extra Drei« hatte Fernsehausschnitte von der staatlich gelenkten Berliner Demonstration am 9. November 1992 gegen Ausländerfeindlichkeit gebracht, auf der Herr Weizsäkker, stellvertretend für andere Heuchler, Pfiffe und Eier kassierte. Unter die Bilder hatte man einen anderen Ton gelegt. Er stammte aus dem Archiv. Es waren Kommentare von »Sudel-Ede«, der sich empörte über die »Randalierer« auf der Luxemburg-Liebknecht-Demonstration im Januar 1988. Man merkte zunächst nichts und dachte, es spräche ein ZDF-Kommentator von heute. So überzeugend war Fernsehen schon lange nicht mehr.

Schnur, Wolfgang

Freie Rechtsanwälte waren in der DDR eigentlich überflüssige Leute. Da Partei und Volk eins waren und der Staat die Interessen des Einzelnen am besten schützte, war der beste Rechtsanwalt des Bürgers der Staatsanwalt oder, was dasselbe war, der Richter. Das Jurastudium war geteilt in Wirtschafts- und Zivilrecht. Die Wirtschaftsjuristen rechneten die vielfältigen Schlampereien in Geld aus und schoben es innerhalb des großen Topfes hin und her. Die Zivilrechtler wurden Staatsanwalt, Richter oder Angestellte im staatlichen Notariat. Wer sich als freischaffender Rechtsanwalt niederlassen wollte, mußte entweder ein biblisches Alter oder hervorragende Beziehungen haben.

Beides traf auf Rechtsanwalt Sch. anscheinend nicht zu.

Der 1944 in Stettin Geborene gründete gleich nach dem Jurastudium in Binz (Rügen), später in Rostock eine Anwaltskanzlei und kümmerte sich um Wehrdienstverweigerer und andere »Andersdenkende« aus Friedens- und Umweltgruppen. Da nur in Kirchen gruppenweise anders gedacht werden konnte, wurde Sch. bald als »Kirchenanwalt« bekannt und erklomm schnell die Leiter zu höchsten Kirchenämtern. Er brachte es bis zum Vizepräses der Synode des Bundes der Evangelischen Kirchen in der DDR. Im Herbst 1989 gründete er den »Demokratischen Aufbruch«, der später auf Bonner Anweisung hin in die CDU einging.

Daß Sch. Kontakte zum MfS genutzt haben soll, um jahrzehntelang so segensreich wirken zu können, ist den Kirchenoberen bis zum Schluß der DDR verborgen geblieben, sagen sie.

Schorlemmer, Friedrich

*»Fürchte Gott, ehre die Obrigkeit und
sei nicht unter den Aufrührern!«*

Dieses Luther-Zitat prangt in goldenen Lettern am Wittenberger Rathaus. Der dort 1944 geborene Pfarrersohn Friedrich Sch. hat es früher entweder nicht gekannt oder er hat es ignoriert. Heute ist das anders, heute ist er Mitglied der SPD. Nach einem Gespräch mit Helmut Kohl äußerte er »Verständnis« und »Sympathie« für den Bundeskanzler.

Der studierte Theologe Sch. war bis 1978 Studentenpfarrer in Merseburg, kehrte dann nach Wittenberg zurück, wo er noch heute in der durch Luthers Thesenanschlag berühmten Schloßkirche predigt. 1983 veranstaltete er im dortigen Lutherhof ein Schau-Schmieden, bei dem ein Schwert krumm geschlagen wurde (»Schwerter zu Pflugscharen«). Leider fand dieses Gerät weder in der westlichen noch in der östlichen Landwirtschaft Verwendung. Betrübt darüber äußert sich Sch. in unzähligen Talk-Shows.

Schreiter, Helfried

Die zahlreichen Journalisten, Drucker, Papier- und Autohändler, denen Sch. mehrere Millionen Mark schuldet, haben nichts anderes verdient. Wer läßt sich auch freiwillig mit einem ehemaligen NVA-Offizier ein! Sch. war Panzeroffizier, sein Leben also eine einzige Lüge. Nach unten hieß es, daß die Amis bald in Karlshorst einmarschierten und nach oben, daß seine Panzer wie ein Mann hinter der Partei stünden. Weder Amis noch Panzer dachten daran.

Letztere schon eher, wenigstens ans Stehen. Bei Inspektionen wurde die Hälfte von ihnen mit Abschleppstangen vor die Kasernentore gezerrt, geputzt und vom jeweiligen General begutachtet und belobigt. Viele Offiziere ersäuften dieses ständige Schwindeln im Alkohol.

Sch. fing an zu schreiben. Zunächst noch nicht selbst, sondern er begutachtete das Schreiben anderer, wie ein General die Panzer, in der obersten Zensurbehörde, der Hauptverwaltung Verlage und Buchhandel im Ministerium für Kultur. Seine ersten Schreibversuche bestanden aus Pickel-Lyrik, die später hämisch veröffentlicht wurde. Dann wandte sich Sch., seit 1964 freischaffender Schriftsteller, größeren Werken zu. Sein Ruf als »Schreibender Soldat« und seine ehemalige Mitarbeit in der HV Verlage nötigte die jeweiligen Institutionen, wie den Verlag »Neues Leben«, den Rundfunk, einige Theater und die DEFA, sich seiner Dinge anzunehmen. Dafür erhielt er auch den FDGB-Kunstpreis. (Schriftsteller meinten zu diesem Preis: Das Geld ja, aber die Schande, diese Schande!) 1987 nutzte Sch. eine Lesereise in den Westen und blieb dort.

Als die Mauer fiel, kam er wieder. Er wandte sich an seine frühere Partei, die SED-PDS, die damals noch Geld hatte, bettelte ihr einen unverschämt hohen Kredit ab und begann als Autor unter dem Pseudonym Fred Geher und als Verleger unter seinem richtigen Namen zu wirken. Die Bezeichnungen seiner verlegerischen Bankrott-Unternehmungen hießen »Das Blatt«, »Karoline«, »Edition Fischerinsel«, »kess«, »blatt für die frau«, »Kietz«, »Super-Ossi« u. a.

Im NVA-Ton setzte er in seinen Betrieben frühkapitalistische Methoden durch. Eine Pleite jagte die andere. Als die ersten Klagen vom Gericht kamen, blieb ihm nichts anderes übrig, als zu verschwinden.

Man erzählte, er sei in einem kleinen Lausitzer Dorf wieder aufgetaucht, dort habe ihn 1992 der Sensenmann ereilt. Möglich wäre aber auch, daß sich irgendwann einmal ein Fred Geher aus Südamerika meldet.

Schwäblein, Jörg

Der Fraktionschef der CDU im Thüringer Landtag, Sch., ist der persönliche Federhalter des Ministerpräsidenten *Vogel* und darf über das Schicksal von CDU-Mitgliedern mitentscheiden. So glaubt er bisweilen, der wichtigste Mann Thüringens zu sein.

Wie kommt ein Schwabe nach Thüringen?

Bei *Lothar Späth* ist das klar: »Zu wem Späth kommt, den bestraft das Leben.« (Gorbatschow/Kittner) Sch. aber ist einheimischer Schwabe, von hier, wie man dort sagt.

Die Sache liegt schon etwas länger zurück. Als die Franken im Jahre 531 das Thüringer Königreich vernichtet hatten, überzogen sie das Land mit einem Netz von Wachstationen, den späteren -hausen- und -heim-Orten, und brummten den besiegten Thüringern einen Jahrestribut von 500 Schweinen auf. Die Freiheit gewohnten Thüringer rebellierten und wurden 555/556 erneut besiegt. Da Thüringen ziemlich weit von Franken entfernt lag und die fränkischen Könige schließlich noch anderes zu erobern hatten, wandten sie ein probates Mittel an, welches sie aus der Bibel kannten: Sie siedelten fremde, bravere Völker in Thüringen an: Hessen, Friesen, Sachsen sowie Schwaben und hatten Ruhe. Die Schwaben waren die bravsten.

Einer ihrer Nachkommen also ist Sch. 1952 wurde er in Benshausen bei Suhl geboren. In Ilmenau studierte er Mikroelektronik und gab sein Bestes als Entwicklungsingenieur und Gruppenleiter bei Robotron in Erfurt, um die diesbezüglichen Luftblasen des SED-Generalsekretärs nicht platzen zu lassen. Dafür bekam er auch im August 1989, kurz vor Toresschluß, noch eine Prämie: Staatssekretär Nendel überreichte ihm einen Umschlag mit 3 000 Mark. Brav bedankte sich Sch. und übergab seinerseits auch einen Umschlag, einen besorgten Brief, in welchem er der Partei- und Staatsführung wichtige Hinweise zur effektiveren Entwicklung der Mikroelektronik gab. Dies sagen seine ehemaligen Kollegen, von ihm selbst und aus der von ihm verfaßten Biographie erfährt man nichts; auch nicht, daß er als langjährige CDU-Blockflöte Kandidat, später Mitglied des Bezirkstages Erfurt war. Brav vollzog er den Schwenk seiner Partei von links nach rechts, wurde wirtschaftlicher Berater der Thüringer CDU und Chef des politisch beratenden Ausschusses zur Bildung des Landes Thüringen.

Sch. gibt immer noch wichtige Hinweise, immer noch mit Briefchen. Bekannt wurde der an Landeschef Vogel, in welchem er wichtige Hinweise zur effektiveren Vertuschung der zahlreichen *Axthelm*- und *Böck*-Affären gab. »Leider«, schrieb er, »wurden diese Dinge öffentlich gemacht...«

Wie schön dagegen die Zeit, als er durch wichtige Hinweise mithelfen konnte, effektiv alles unter den Teppich zu kehren.

Schwierzina, Toni Antoni

Der Mann mit diesem italienisch-polnisch klingenden Namen war der letzte Oberbürgermeister von Berlin, Hauptstadt der DDR. 1927 wurde er in Oberschlesien
geboren. Seiner Familie wurden die deutschen Wurzeln angekreidet, deshalb mußte
sie 1945 nach Magdeburg übersiedeln. Dort besuchte Sch. die Oberschule und ließ
sich bis 1953 an der Berliner Humboldt-Universität zu einem der ersten Wirtschaftsjuristen der DDR ausbilden.

Das einzige, was es damals reichlich gab, war Fisch. Sch. beriet den Berliner
Fischgroßhandel juristisch. Nach einigen Jahren, Fisch macht durstig, wechselte er
zum Großhandel für Wein und Schnaps. Möglicherweise hatten die dortigen Genos-
sen bei der ständigen Gütekontrolle ihrer Produkte übersehen, daß ihr Jurist als
Mitglied der Freien Deutschen Jugend (FDJ), der Deutsch-Sowjetischen Freundschaft
(DSF), des Freien Deutschen Gewerkschaftsbundes (FDGB) usw. nicht Mitglied der
SED war. Den beabsichtigten Überfall der NATO-Streitkräfte auf die DDR konnte er
auch als Nicht-Genosse erfolgreich verhindern durch seinen Eintritt in die Reihen der
Kampfgruppen der Arbeiterklasse. Dort war er der einzige, der bei den zahlreichen
Schnitzeljagden in der Umgebung Berlins eine sinnvolle Aufgabe hatte, er war ihr
Koch.

Das Versehen seiner Genossen nutzte Sch. im Herbst 1989 und trat der SPD bei.
Als Spitzenkandidat der Hauptstadt der DDR zog er Arm in Arm mit dem Westberliner
Grundstücksmakler Walter Momper, der damals einen Nebenjob als Regierender
Bürgermeister Westberlins hatte, in einen von der Westberliner SPD gemanagten und
bezahlten Werbefeldzug für sich und seine Partei. Nach dem Wahlsieg koalierte er
mit der CDU und wurde Oberbürgermeister der Hauptstadt der DDR.

Unter ihm wurde das Werk seiner ehemaligen Kämpfer restlos beseitigt, die
Mauer. Bei den Wahlen im Dezember 1990 verlor die SPD enorm an Stimmen, denn
viele Wähler meinten, CDU-Politik könne die CDU besser.

Heute hat Sch. wieder Zeit zu kochen, Rosen zu züchten und in seinem Wald-
grundstück bei Bernau den Rasen zu mähen. Zwischendurch sitzt er im Berliner
Abgeordnetenhaus als einer der stellvertretenden Vorsitzenden.

Seite, Bernd

Als jüngst nicht nur im Kreis Röbel und im Land Mecklenburg, sondern in der gesamten früheren DDR plötzlich die Hälfte des Viehbestandes notgeschlachtet werden mußte, traf den ehemaligen Tierarzt und Chef des DDR-Tierärzteverbandes S. keine Schuld.

Eine hier bislang wenig bekannte Seuche hatte um sich gegriffen. Er hatte während seines Studiums an der Humboldt-Universität, im Fach Marxismus-Leninismus, von dieser Seuche gehört, sie hatte ihn wohl nicht sonderlich interessiert. Oder hatte er einen von den klugen, feinsinnigen Lehrern, die Vor- und Nachteile von Kapitalismus und Sozialismus dialektisch gegeneinander abwogen? Leider haben die dümmsten M.-L.-Lehrer in vielem Recht bekommen. Wer konnte das wissen? S. doch nicht.

Er heiratete eine Kommilitonin, gründete mit ihr in dem kleinen Dorf Walow eine Tierarztpraxis und betreute das Vieh im Kreis Röbel. Da die DDR sich selbst ernährte, gab es viel zu tun. Aber immer von Stall zu Stall im Kreis herum, im Kreis Röbel, da kriegt man den Drehwurm. Ein Reisebüro, getarnt als evangelische Landessynode Mecklenburg, vermittelte, wenn man auch dem Staat gegenüber folgsam war, Westreisen. S. war es und durfte sogar bis nach Amerika. Aber immer folgsam sein ist bitter. Die Erlösung kam im Herbst 1989.

Mit Hilfe des »Neuen Forums« enttarnte er zunächst die, die ihm die Visa ausgestellt hatten. Da aber darüber hinaus zunächst das Forum »keinen Ehrgeiz entwickelte, Regierungsverantwortung zu übernehmen und die SPD noch zu sehr sozialistischem Gedankengut verhaftet war«, wie er irrtümlich meinte, trat er drei Monate später der CDU bei und wurde Landrat des Kreises Röbel.

Den neuen Politik-Machern fiel er angenehm auf, als er gleich nach Amtsantritt rigoros alle ehemaligen SED-Mitglieder aus ihren Stellungen feuerte. Aber zu früh gefreut: Der hemdsärmlige Viehdoktor, wahrscheinlich ungewohnt im Umgang mit Menschen, wollte auch den Götting-Augiasstall ausmisten. Er wurde von *Günther Krause* zum Generalsekretär der CDU Mecklenburg-Vorpommerns gewählt, seine Mistforke erwischte daraufhin nur, was unten lag. Dann holte er, wie einst Erich Honecker, seine Frau in die Parteispitze, um ihm beim Ausmisten zu helfen. Sie soll jetzt so etwas wie die Parteikontrollkommission leiten.

Nachdem der Mecklenburger CDU-Ministerpräsident *Gomolka* aufgegeben hatte, gab man ihm das Amt. S. und seine Frau Anneliese haben, wie eine Zeitung berichtete, ihre Tierarztbestecke verkauft und ihre Bücher einer Bibliothek geschenkt. Das heißt, sie wollen in Schwerin bleiben.

Es beruhigt, weder Kuh noch Mecklenburger sein zu müssen.

Sobetzko, Werner

S. ist Chemiker. Sein Leben bestand hauptsächlich aus Formeln, organischen oder anorganischen Reagenzgläsern, Hauptsache es knallte und stank, wie wir Laien sagen. Oft hat es geknallt, immer aber gestunken im Raum Leuna-Merseburg. Auf Satellitenbildern erschien diese Gegend als schwärzester Punkt auf unserem Globus. *Breuel* sei Dank, verschwindet er jetzt. Aber die Spätfolgen sind riesige Aufgaben für Sachsen-Anhalts Umweltministerium. Ein Fachmann, also ein Chemiker, wäre als Chef dieses Ministeriums vernünftig. Da aber die CDU die Wahlen gewann, ist der Chemiker S. für Bildung und Kultur zuständig und der Kulturexperte Rauls, FDP, früher NDPD, jahrelang Magdeburgs Stadtrat für Kultur und ein geachteter Kenner der Kultur, übernahm die Umwelt. Das wäre nicht einmal der SED passiert, hätte sie zwei Experten gehabt.

S., 1939 im damaligen schlesischen Hindenburg geboren, kam in die SBZ und wollte nach dem Abi unbedingt Chemie studieren. Ende der fünfziger Jahre hatte sich die SED einfallen lassen, daß nur die Kinder studieren durften, deren Eltern entweder völlig verdreckt von der Arbeit kamen, man nannte sie Arbeiterkinder, oder die, deren Eltern den Staat durch Ausreisedrohung erpressen konnten, wie Ärzte, wichtige Wissenschaftler u. ä. Ausgenommen waren natürlich diejenigen, deren Eltern zu den Funktionären der Partei der Arbeiterklasse gehörten. Das waren die besten Arbeiterkinder.

Alle anderen Abiturienten, auch wenn sie 1,0 auf dem Zeugnis hatten, mußten erst einmal ein paar Jahre Dreck schlucken oder in den Westen abhauen. S. entschied sich für Dreck und war lange Chemie-Hilfsarbeiter in Leuna.

S. ließ nicht locker, bewarb sich jedes Jahr, bis es klappte, 1965 hatte er sein Chemie-Diplom, 1977 seinen Chemie-Doktor. Er erfand neue, unbrennbare Plaststoffe und entwickelte, falls sie doch einmal brennen sollten, entsprechende Löschmittel, ein Chemiker durch und durch. Seit 1968 ist er Mitglied der CDU, seit 1973 Ortvorsitzender seiner Heimatgemeinde. Genügend Zeit also für seine Partei, seine Schwächen und Stärken zu kennen.

Die größten Schwächen hat er mit der deutschen Sprache, mit Dingen der Kultur. Das ist für Naturwissenschaftler nicht ungewöhnlich. Bei einer Lehrer-Demonstration hielt der Bildungsminister S. eine Ansprache und wurde von den Lehrern wegen sprachlicher Schwächen, falscher Fälle, falscher Zeiten etc. laut ausgelacht.

Dadurch wurden die Lehrer abgelenkt vom Inhalt seiner Rede.

Also war die Ämterverteilung doch ein äußerst geschickter Schachzug dieser sächsisch-anhaltinischen CDU.

Späth, Lothar

Was für Schwaben allgemein gilt, nämlich fleißige Häuslebauer zu sein, gilt für Lothar S. im besonderen. Um diesem schwäbischen Urdrang nachgehen zu können, verließ der 1937 in Sigmaringen geborene S. vorzeitig das Gymnasium und ließ sich in der wichtigsten Frage beim Häuslebauen ausbilden: der Erlangung einer Baugenehmigung. Im Verwaltungsdienst der Stadt Gingen, im Landratsamt Mergentheim und in der Verwaltungsschule Stuttgart brachte man es ihm bei.

1960 fing er mit dem eigentlichen Bauen an. Zunächst Chef der kleinen Baugenossenschaft Bietigheim, wechselte er dann zur größeren, gewerkschaftseigenen und durch zahlreiche Korruptionen bekannten »Neuen Heimat«, in der er sich später bis in den Hauptvorstand arbeitete. Daneben war er Mitglied in diversen Vorständen und Aufsichtsräten von Baufirmen. Als Leiter der kleinen Klitsche in Bietigheim kriegte der schlaue S. mit, daß neben Baugenehmigungen und Material noch etwas anderes beim Bauen berücksichtigt werden muß: Verkehrslage, regionale Perspektive, etc. Das waren Fragen, die in der Politik entschieden wurden, also trat er flugs in die CDU ein und ließ sich zum Bürgermeister dieses kleinen Nestes wählen.

Von da an bestimmten Politik und Bauen sein Leben. In der CDU brachte er es 1972 zum Fraktionschef im Stuttgarter Landtag, wurde 1977 stellvertretender CDU-Landesvorsitzender, Innenminister, und 1978 löste er den Nazi-Marinerichter Filbinger im Amt des Ministerpräsidenten von Baden-Württemberg ab.

Als Landesvater entwickelte er nun unheimliche Energien, um aus seinem Schwaben ein »Muschterländle« zu machen. Er bereiste die halbe Welt, um Aufträge für seine heimische Industrie zu besorgen, förderte mit Landes- und Bundesgeldern schwäbische Hochtechnologie, schmiedete Konzerne zusammen, verhandelte mit wirtschaftsstarken Regionen Frankreichs, Spaniens und Italiens über eine Mini-EG unter schwäbischer Führung... aber ein gefestigter Markt läßt sich nicht so ohne weiteres seine Hackordnung durcheinanderbringen. Man inszenierte eine Kampagne, in der von Verschuldung des Landes die Rede war, von Unsummen, die für bildende Kunst verschwendet wurden. Aber all das konnte S. abschmettern. Irgendwelche Reisekostenabrechnungen, er war ja immer im Auftrag mehrerer unterwegs, wurden ihm schließlich so penetrant unter die Nase gehalten, daß er sein Amt Anfang 1991 aufgab.

Seither reist er nur durch den Süden des Ostens, hält vor sächsisch-thüringischen Möchtegern-Managern Vorträge über die schwäbische Art, Häusle zu bauen, und versucht sich selbst ziemlich erfolglos an Wiederbelebungsversuchen des plattgemachten ehemaligen VEB Carl Zeiss Jena.

Für die Jenenser hat sich wenig geändert, ihr früherer Fürst Biermann spricht jetzt etwas »späth« einen etwas angenehmeren Tonfall.

Steineckert, Gisela

St. wurde 1931 in einer Berliner Arbeiterfamilie geboren, besuchte die Volksschule und wurde während des Krieges nach Österreich verschickt. 1946 kehrte sie wieder nach Berlin zurück, arbeitete als Sprechstundenhilfe, Sozialhelferin und begann eine kauffrauliche Lehre.

Eines Tages lief ihr der Lyriker Kahlau über den Weg. Der hatte die Angewohnheit, sich mit seinen zahlreichen Ehefrauen hinterher noch etwas zu unterhalten. St. besaß ein außergewöhnliches Lerntalent und begann selbst, sich literarisch zu äußern, auch dann noch, als sie von ihrem Mentor Kahlau geschieden war. Sie schrieb anfangs Filmrezensionen in der satirischen Zeitschrift »Eulenspiegel«, dann wurde sie als Autorin von Hörspielen, Filmszenarien und Kurzgeschichten etwas bekannt. Schließlich widmete sie sich der Lyrik, Chanson- und Liedtexten. So kam sie als Textberaterin zum Oktoberklub, und der ständige, bisweilen auch enge Kontakt zu Politgrößen befähigte sie zur Übernahme kulturpolitischer Funktionen.

Sie wurde im Laufe der Zeit Leiterin der Zentralen Beratergruppe der FDJ-Singebewegung, Cheflektorin bzw. -zensorin für Schlager und Liedtexte im DDR-Rundfunk, Vorstandsmitglied im Schriftstellerverband und schließlich Präsidentin des Komitees für Unterhaltungskunst der DDR. Von all diesen Ämtern trat sie zurück, da es auch ihr nicht gelungen war, diesen Einrichtungen irgendeinen bleibenden Sinn zu verleihen und diese sich demzufolge in Luft auflösten. Was ihr blieb, war ihre Mitgliedschaft im Demokratischen Frauenbund Deutschlands, dem DFD.

Überflüssig zu sagen, daß sie jetzt dort die Vorsitzende ist.

Stolpe, Manfred

Neulich bekam mein achtjähriger Sohn unerlaubterweise das bekannte Polit-Porno-Heft aus Hamburg in die Hände.

»Stasi-Chef Mielke« konnte der Drittklässler dank des neuen Bildungssystems bereits buchstabieren.

»Ich denke, der heißt Stolpe«, entrüstete er sich.

Dem SPIEGEL sei Dank für die, wenngleich späte, Aufklärung.

S. wurde 1936 im ehemaligen Stettin geboren, machte in Greifswald Abitur und studierte von 1955–1959 Jura in Jena. Als Jurist im Dienste der evangelischen Kirchen der DDR kümmerte er sich ständig um Dinge, die die Kirche nichts angingen. (»Gib dem Kaiser, was des Kaisers, und Gott, was Gottes ist.« Matth. 22, 21)

Im Juni 1990 trat er der SPD bei und wurde nach deren Wahlsieg im Land Brandenburg im November 1991 dessen Ministerpräsident. Laut Umfragen soll er beliebt sein und der SPD zu unverdient hohem Ansehen im Land verhelfen. Deshalb, und nicht wegen irgendwelcher Gespräche oder Orden, steht er unter Dauerbeschuß CDU-abhängiger Medien.

Süß, Reiner

Irgendeine Berliner Abgeordnete der PDS-Fraktion hatte, lang ist es her, sich als Chefin der Hausgemeinschaftsleitung bei der Verwaltung beschwert, daß eine Wohnung in ihrem Marzahner Neubauhaus seit Monaten leer stünde und, angesichts der Wohnraumnot, nicht wieder vermietet würde. Daraufhin bekam sie von Mitarbeitern des Ministeriums für Staatssicherheit Besuch und mußte eine Erklärung unterschreiben, daß sie wisse, diese Wohnung sei tabu. Diese Stasi-Unterschrift einer PDS-Dame ist das Hauptthema des Berliner Abgeordnetenhauses, wenn man sich die Fernsehübertragungen anschaut. Man sollte sich keine dieser Sendungen entgehen lassen, kann man doch sehen und hören, wie problembewußt und sachkundig hier um das Schicksal von Millionen Hauptstädtern demokratisch gerungen wird.

Ehemalige Zuschauer des DDR-Fernsehens haben zudem zusätzlichen Genuß: sie entdecken geliebte und seit dem Herbst 1989 schmerzlich entbehrte Gesichter wieder. Eines davon gehört dem verehrten Kammersänger und Nationalpreisträger Reiner S. Hoch oben, von den Kameras oft gestreift, thront das Mitglied der Sozialdemokratischen Partei Deutschlands als Vize dieses Hauses. Er hat Glück: außer Schecks hat er, soweit bekannt wurde, zu DDR-Zeiten nichts unterschreiben müssen. Und das konnte er reichlich, denn er hatte bekannte Stimmbänder.

1930 in Chemnitz geboren, wurde er als Zehnjähriger den Thomanern übergeben, wechselte 1951 zum Leipziger Rundfunkchor und sang sich als Solist über die Theater Bernburg und Halle 1958 an die Deutsche Staatsoper Berlin. Hier engagierte man ihn, nach DDR-Arbeitsrecht unkündbar, als Baß Buffo, d.h. für komische Rollen. Die waren an diesem ernsthaften Hause rar, also suchte und fand er diverse Muggen, d.h. musikalische Gelegenheitsgeschäfte.

18 Jahre lang konnte er im Adlershofer Fernsehen beweisen, im grauen Alltag der DDR, »Da liegt Musike drin!« Im Rundfunk erzählte er 15 Jahre lang, was angeblich »Vor, auf und hinter der Bühne« so alles passierte. Seine dadurch gewonnene Einschaltquote nutzte er für zahlreiche Schallplatten und Liederabende querlandein. Letzteres wurde mit der Zeit, sie forderte von den Stimmbändern ihren Tribut, auch für ihn nicht angenehmer, und so verlegte er sich zunehmend aufs Talkmeistern.

Dazu benötigt man allerdings, wenn man unterhalten will, auch so etwas wie Witz oder Intelligenz. Wem der Herrgott aber schon eine Stimme gab, bei dem sparte er andernorts.

Im Herbst 1989 wechselte er in ein anderes Unterhaltungsprogramm. Dort benötigt man weder Stimme noch Intelligenz. Genau diesen Eindruck hat man, wenn man sich die Übertragungen aus dem Berliner Abgeordnetenhaus anschaut.

Templin, Wolfgang

Jeder Lebenslauf hat seine innere Logik, auch der von Konvertiten. Der Wechsel von Anschauungen ist immer biologisch oder sozial begründet, durch Zölibat, Sibirien o.ä. Geänderte Glaubensbekenntnisse sind lediglich Folgen. Deshalb wirkt das Gift des Glaubens noch lange nach: bei roten Fahnen oder Glockengeläut werden Konvertiten, je nach vorherigem Glauben, schwach. Niemand hat bisher seine Überzeugung aus Überzeugung gewechselt. Deshalb sollte man bei Biographien, in denen es plötzlich heißt: »Hoppla, ab heute bin ich einer von euch!« mindestens mißtrauisch sein.

T. wurde 1948 in Jena geboren, brach eine Lehre als Buchdrucker ab, um sich dem feineren Umgang mit Büchern zu widmen. Er wurde Bibliothekar. Nach dem entsprechenden Studium hing er noch sieben Jahre Grund- und Forschungsstudium der marxistisch-leninistischen Philosophie dran. Im ersten Studienjahr wurde er Mitarbeiter des Ministeriums für Staatssicherheit, sagt er. Nach Abschluß des Studiums 1977 war T. wissenschaftlicher Mitarbeiter im Zentralinstitut für Philosophie der Akademie der Wissenschaften der DDR.

1983, hoppla, Entlassung aus SED und Akademie, Putzhilfe, Waldarbeiter, Heizer und allmähliche Mitarbeit in diversen Friedens- und Menschenrechtsvereinigungen. Wie bei *Vera Wollenberger* nach der Luxemburg-Liebknecht-Demo: »Abschiebung« zu einem – man kann nie genug studieren – Studium in den Westen.

Im November 1989 kehrte er in die DDR zurück und ist seitdem einer der Oberen beim »Bündnis 90«.

Thierse, Wolfgang

Der 1943 im katholischen Breslau getaufte W. Th. erhielt Erstkommunion und heilige Firmung in der südthüringischen Diasporagemeinde Eisfeld. Nach dem Abitur und einer Lehre als Schriftsetzer bei einer CDU-Zeitung ging er nach Berlin, um an der Humboldt-Uni marxistisch-leninistische Philosophie und Kulturwissenschaft zu studieren. »Mut bewies Th.«, heißt es in seiner offiziellen Biographie, »als er an Gesprächsrunden in der katholischen Studentengemeinde teilnahm«.

Das stimmt anders. Die Teilnahme allein war ungefährlich, erforderte keinen Mut. Aber die Tatsache, daß dort die eindringliche Empfehlung des damaligen Berliner Bischofs, Monsignore Alfred Bengsch, mißachtet wurde und man trotzdem über Politik redete, war für einen jungen Katholiken fast schon revolutionär und erfordert im nachhinein Bewunderung. So stimmt dieser Satz. Nach einer Aspirantur bekam Th. eine Stelle im Kulturministerium der DDR, die er später gegen eine im Zentralinstitut für Literaturgeschichte/Literaturtheorie der Akademie der Wissenschaften der DDR eintauschte.

Im Herbst 1989 schloß er sich dem Neuen Forum an und stieß dann im Januar 1990 durch den Hinweis eines Freundes zur SPD. Dort gelang es ihm, er hatte früher im Nebenfach Germanistik studiert, als einem der wenigen Nichtpfarrer, zusammenhängende Sätze von sich zu geben, die den Anschein hatten, kluge Gedanken zu enthalten. Das muß auf die Ost-Genossen einen derartig gewaltigen Eindruck gemacht haben, daß sie ihn, nachdem ihr Chef *Ibrahim Böhme* als Stasi-Mitarbeiter verdächtigt worden war, zu seinem Nachfolger wählten. Durch die Ost/West-Quotierung übersprang er in kurzer Zeit sämtliche Stationen einer geordneten Ämterlaufbahn und brachte es bis zu einem der stellvertretenden Vorsitzenden seiner Partei.

Th. sagt manchmal auch Klärendes, zumindest seine Person betreffend. In einem Interview (»Laienspieler«, Forum Verlag Leipzig, 1992, S. 88) nach seinen Vorbildern gefragt, nannte er Paulus.

Ob er damit den Nazigeneral oder den römischen Offizier und gefürchteten Christenverfolger Saulus, der sich nach einer »Erscheinung« Paulus nannte und zum Chefideologen der jungen Christenkirche wurde, meinte, war nicht zu erfahren.

Bei Franz von Assisi, den er sich auch zum Vorbild nimmt, ist die Sache eindeutig. Es ist der bekannte Bettelmönch aus Italien.

BEIM NÄCHSTEN

MAL WIRD ALLES BESSER

Ullmann, Wolfgang

*Der heilige Augustinus erging sich eines Tages am Meer,
grübelnd über das Problem der Ewigkeit Gottes.
Da sah er ein Kind, das am Strand hin und her lief
und mit einem Löffel das Meerwasser in ein Sandloch goß.
»Was machst du da?« fragte der Heilige.
»Ich will das Meer in dieses Loch gießen«, antwortete das Kind.
»Das schaffst du nie, das Meer ist viel zu groß«,
belehrte es Augustinus.
»Genausowenig, wie ich das Meer in dieses Sandloch fülle,
wirst du die Ewigkeit Gottes in deinen Verstand bringen«,
sagte das Kind und wurde unsichtbar.*

(Aus den Legenden über den hl. Augustinus)

Der Kirchenhistoriker W. U., 1929 in Bad Gott bei Dresden geboren, studierte nach dem Abitur 1948 in Westberlin und Göttingen Theologie und Philosophie. Sieben Jahre war er Vikar bzw. Pfarrer in einem sächsischen Dorf, seit 1963 Dozent an den kirchlichen Lehranstalten in Naumburg und Berlin. 1954 hatte er über Augustinus promoviert.

U. wirkte seit dem von ihm als »Wende« bezeichneten Untergang der DDR zunächst als Minister ohne Geschäftsbereich in der Übergangsregierung *Modrow.* Nun ist er Abgeordneter des Deutschen Bundestages in der Fraktion Bündnis 90.

U. versucht, durch eine Änderung der Verfassung der BRD, die Wiedereinführung Runder Tische in die Politik und anderer vernunftsverdächtiger Dinge, das Meer in ein Sandloch zu füllen.

Vaatz, Arnold

Der Protestant V. hat früher nur einmal protestiert. Er wurde 1955 in Weida bei Gera geboren, ging auch dort zur Schule, wurde Mitglied der FDJ und legte 1974 in Greiz sein Abitur ab.

Man mußte nicht unbedingt in der FDJ sein, aber für die Zulassung zur Oberschule, zum Abitur, war das nicht nachteilig, im Gegenteil. Vor dem beabsichtigten Mathematikstudium in Dresden waren noch achtzehn Monate lang Holzwände zu überklettern, war auf Papp-Klassenfeinde zu schießen, zu bewachen, was niemand klauen wollte, kurz, der NVA-»Ehrendienst« war zu absolvieren. Dazu gehörte der feierliche Schwur, der Fahneneid, notfalls sein Leben für die Errungenschaften einzusetzen, und zwar so oft, wie es dem Verwalter jener Errungenschaften, dem Staat, einfiel.

Man mußte das nicht schwören, man hätte Bausoldat werden können, aber für die Immatrikulation war der normale Grundwehrdienst nicht nachteilig, im Gegenteil.

Nach dem Studium rechnete er als Mathematiker im VEB Komplette Chemieanlagen Dresden aus, um wieviel die Chemie unser Leben verschönert. Dies tat er zeitgemäß mit einem Computer und wurde bald Gruppenleiter für Bürocomputertechnik. Auf Grund mangelnder Software dienten diese kostspieligen Geräte oft nur zur Berechnung der Gehälter, was den daran Beschäftigten viel Frust und Freizeit bescherte. Das muß im Betrieb bekannt gewesen sein, denn als V. turnusgemäß erneut der Ruf der NVA ereilte und ihn an seinen Schwur erinnerte, fand sich niemand, der ihm Unabkömmlichkeit bescheinigen wollte. Das muß ihn gekränkt haben, er protestierte, wurde eidbrüchig und saß, das würde ihm heute genauso passieren, die vorgesehene Zeit anderswo ab, um sich danach im Betrieb weiter über fehlende Programme zu ärgern.

Im Herbst 1989 trat er dem »Neuen Forum« bei, war deren Pressesprecher in Dresden, saß dort an einem Runden Tisch, war einer der »Gruppe 20«, Mitglied der Arbeitsgruppe »Recht der DDR«, sowie Mitglied einer MfS-Auflösungsruppe. Er hatte also scheinbar immer noch viel Zeit.

Man muß nicht in die CDU eintreten, man kann auch beim Forum bleiben, aber für die Übernahme politischer Verantwortung, d. h. nicht arbeitslos zu werden, ist die CDU-Mitgliedschaft nicht hinderlich, im Gegenteil.

Im Februar 1990 wechselte V. zur CDU, kam in den Landesvorstand, ließ sich in den Landtag wählen und wurde Umweltminister. Mit Vorliebe entsorgt er DDR-CDU-Altlasten, weil die sich ja immer so angepaßt hätten.

Viehweger, Axel

Ende der Siebziger, als wieder einmal einer der vier Hauptfeinde der DDR, diesmal der Winter, erbarmungslos zuschlug, schaltete ein Oberelektriker ganzen Flächen des Bezirkes Neubrandenburg den Strom ab. Die Folgen waren verheerend, das gesamte Jungvieh war erfroren. Spätestens seit dieser Zeit wurde der Bereich Energieversorgung zu einem der vielen Augäpfel des Ministeriums für Staatssicherheit. Seit damals vergrößerten sich auch regelmäßig im Winter die geistig-kulturellen Freiräume, denn eine große Anzahl der Stasi-Genossen befand sich im Braunkohleeinsatz.

Axel V. kommt aus dem Energiebereich. 1952 im sächsischen Waldenburg geboren, studierte er nach seinem Abitur in Glauchau, ab 1973 an der TU Dresden, Kernphysik und deren Umwandlung in elektrischen Strom und promovierte im Thema Fernwärme zum Dr.-Ing. 1985 wurde der Dresdner LDPD-Abgeordnete V. zum Stadtrat für Energie ernannt. Damit war er einer der wenigen Ausnahmen unter den Funktionären in der DDR, einer, der etwas von seiner Funktion verstand.

Im April 1990 teilte er das Schicksal anderer Politiker und übernahm etwas, von dem er keine Ahnung hatte: das Ministerium für Bauwesen bei *Lothar de Maizière*. Er kam aber nicht dazu, etwas bauen zu lassen, denn die Stasi-Diskussion in der Volkskammer erfaßte auch ihn. Obwohl er ständig beteuerte, nur »Briketts verteilt« zu haben, schenkte man ihm wenig Glauben. Allen schien klar, daß er als Energiemensch dem MfS in Stromfragen informationspflichtig gewesen sein mußte.

Diese Zeit der seelischen Reinigungsversuche der neuen DDR-Politiker wurde u. a. auch von den sogenannten westdeutschen Stromelefanten genutzt, um durch gezielte Unwahrheiten über die Energiesituation der DDR sich den gesamten neuen Strommarkt unter den Nagel zu reißen. Jetzt erst geht den ostdeutschen Kommunen dieses Licht auf, und sie klagen dagegen beim Bundesverfassungsgericht.

Der einzige Experte, der dies in der Regierung hätte abwenden können, hieß V., er wurde aber mit Absicht anderweitig beschäftigt und schließlich zum Rücktritt genötigt.

Nach der Bildung des Freistaates Sachsen sitzt er als Abgeordneter im Landtag, trat aber Ende 1992 aus seiner liberalen Partei aus, weil sie ihm seine Brikettgeschichte immer noch nicht glauben wollte.

Nebenbei aber macht er wieder etwas, von dem er Ahnung hat: er berät sächsische Baufirmen in Energiefragen.

Vogel, Bernhard

Der 1932 in Göttingen geborene Katholik und derzeitige Ministerpräsident Thüringens V. hätte auch Priester werden können, das Zölibat scheint dem Junggesellen keine Schwierigkeiten zu machen. Mit seiner bekannten Nase kann er auch schlecht gewisse Häuser aufsuchen, so bleiben ihm nur die üblichen Ablenkungsmanöver katholischer Priester: gute Weine, dicke Zigarren, Radfahren, Frischgemüse und jede Menge Beschäftigung.

Angefangen hat er damit 1953 studierenderweise in den Fächern Soziologie, Geschichte, Volkswirtschaft und Politische Wissenschaft, promovierte 1960 und widmete sich fortan der Politik. Die hieß damals im Rheinland CDU. (Sein Bruder Hans-Jochen wählte sich die SPD, damit einer in der Familie immer am Ruder sitzt.)

Bernhard V. durchlief ordnungsgemäß den cursus honorum vom Kreisvorsitzenden der CDU Heidelberg, Bezirksvorstand, Bundestag und Landesregierung, bis er schließlich 1976 die Nachfolge von Helmut Kohl antrat, Landeschef der CDU und Ministerpräsident in Rheinland-Pfalz wurde.

Bei der Landtagswahl 1987 verlor die von V. geführte CDU erhebliche Stimmen, man gab ihm die Schuld, wählte ihn ab, und er warf ein Jahr später auch das Handtuch des Ministerpräsidenten.

Mit 57 Jahren ging er in den Vorruhestand, d. h. er übernahm den Vorsitz der der CDU-gehörenden Konrad-Adenauer-Stiftung.

Als 1990 die Blockfreunde der CDU in Thüringen vom Wahlsieg getroffen wurden, fiel ihnen nur der Rezitator *Duchac* ein.

Nach einem guten Jahr lief in Thüringen außer Affairen nichts mehr. In ihrer Verzweiflung wandten sich die Unionsfreunde an ihren Helmut. Der hatte wahrscheinlich noch einige alte Rechnungen mit Bernhard V. offen und empfahl ihn. Die überglücklichen CDU-Thüringer wählten ihn im Februar 1991 mit 50 von 51 Stimmen. V. beschaffte seinem Vorgänger und Glaubensbruder *Duchac* ein Amt in der Adenauer-Stiftung, die Kultus- und Bildungsministerin *Lieberknecht* wurde von ihm nach Europa geschickt und die Minister *Böck* und *Axthelm* entlassen. Im Januar 1993 übernahm er den Vorsitz der Thüringer CDU.

Soweit bekannt, war es das, was er bisher für das Land Thüringen tun konnte.

Vogel, Wolfgang

Eigentlich steht schon alles, was man zum Leben braucht, in der Bibel, z.B. die Sache mit Joseph und seinen Brüdern. Joseph wurde von ihnen in die Sklaverei verkauft. Der Katholik V. kennt seine Bibel.

1925 in Schlesien geboren, wurde er während des Krieges Flugschüler und Soldat. Von 1945–1949 studierte V. Jura in Jena und Leipzig, arbeitete danach im Justizministerium der DDR und wurde schon zwei Jahre später freier Rechtsanwalt. Neben Friedrich Kaul war er der einzige DDR-Anwalt, der auch im Westen eine Zulassung besaß. Kaul erhielt seine Erlaubnis wegen seiner antifaschistischen Vergangenheit, V. aus anderen Gründen. Seine Mitwirkung bei zahlreichen Agenten-Austauschaktionen deutet diese an.

Offiziell nannte er sich »Persönlicher Beauftragter des Generalsekretärs des ZK der SED und Vorsitzenden des Staatsrates der DDR für humanitäre Angelegenheiten«. Nach dem Sturz seines Auftraggebers und der Eröffnung eines Verfahrens gegen ihn, kümmerte er sich um dessen humanitäre Angelegenheiten und wurde einer seiner Verteidiger. Als er dann selbst angeklagt wurde, legte er sein Mandat nieder und ging in Rente. Vorgeworfen wurde ihm Erpressung ausreisewilliger DDR-Bürger, die sich an seine Kanzlei gewandt hatten. Die Vorwürfe lauteten: Die Bewilligung ihres Antrages habe vom Wert ihrer Hinterlassenschaften abgehangen, je größer Haus und Grundstück, je älter und kostbarer die hierzulassenden Möbel gewesen seien, um so schneller die Abschiebung. Wer nichts hatte, mußte irgendein Gesetz verletzen, diese Tat politisch motivieren und der Preis wurde aus Bonn bezahlt. Vogel bestreitet dies alles mit Nachdruck.

Sowohl V. als auch seine Geschäftspartner könnten an einem biblischen Ausgang interessiert sein.

Joseph hatte seinen Brüdern verziehen. Heute ist das aus der Mode gekommen. Ausgereiste fordern ihr angeblich fast verschenktes Eigentum zurück. Nun wird es schwierig, denn V. könnte, wenn schon, dann das ganze Paket aufschnüren. Die »Freikauf«-Summen waren aus politischen Gründen geheim, der Bundesrechnungshof soll damit nichts zu tun gehabt haben. Für das Geld wurden angeblich die weihnachtlichen Apfelsinen für die Hiergebliebenen gekauft. In der Vergangenheit wurden bisweilen Summen für einzelne genannt. Auch jeder ehemalige Weihnachts-Apfelsinenesser kann sich heute ausrechnen, daß man für die fiktive Gesamtsumme 100 Jahre lang alle Apfelsinen der Welt hätte kaufen können. Irgendetwas kann also an der Geschichte nicht stimmen.

V. wurde verhaftet und nach Hinterlegung einer hohen Kaution aus Moabit entlassen. Bezahlt hat dieses Geld die katholische Kirche.

»...und suche uns nicht in der Unterführung, denn wir könnten unterliegen...« Amen.

Walther, Hans-Joachim

Wie schon oft bemerkt, lauern überall Gefahren, wenn sich Naturwissenschaftler mit politischen Dingen beschäftigen. Groß wird die Gefahr für Leute, deren Wissenschaft auf der formalen Logik beruht, Mathematiker zum Beispiel. Die Grundstruktur ihres Denkens beruht, ähnlich einem Computer, auf dem digitalen 0-1-Schema. Wie ein Trabbi-Motor denken sie zweitaktig: rechts, links, ja, nein, also formallogisch.

Auch der Mathematik-Professor aus Ilmenau W. kann anscheinend nur ja oder nein denken. Zwar ist er schon wieder von der politischen Bühne heruntergestiegen, aber sein kurzes Gastspiel, vor allem in der letzten Volkskammer der DDR, ist noch in guter Erinnerung, es hat seinerzeit für viel Freude gesorgt. Seine Reden erweckten bei jedem Kabarettisten blanken Neid.

Als Mitbegründer einer ebenso fast verschwundenen DSU forderte er damals im Namen seiner Partei, das DDR-Staatsemblem zu entfernen. Er schämte sich, davor zu sprechen. Außerdem, so forderte er, müsse die Vereinigung am nächsten Montag um neun passieren. Schließlich befände er sich seit dem 17. Juni 1953 im Widerstand. Den Hinweis seiner Kollegin, der Wirtschaftsprofessorin Luft, er sei erst 1940 geboren und aus dem letzten Schulungslager für leitende Professorenkader kenne sie von ihm nur Treueschwüre, quittierte er rüpelhaft. Als »Reden-Rüpel«, »bestgehaßt« und »meistverlacht« verunglimpften ihn damals die Zeitungen.

W. hat in Ilmenau eine außerordentliche Professur. Einmal wollte er in der Volkskammer seinen Mitabgeordneten etwas erklären. Was, das wußte er scheinbar noch nicht, aber er meinte, es recht persönlich fassen zu müssen und wurde aus Versehen dialektisch: »Der ordentliche Professor leistet nichts Außerordentliches und der außerordentliche nichts … äh, Ordentliches.«

Weiß, Konrad

W. ist katholisch, und der Behauptung, Katholiken seien falsch, sollte man widersprechen. Sie machen anderen genausoviel weis, wie ihnen selbst weisgemacht wird.

Konrad W. sucht in seiner aalglatten Biographie vergeblich nach einem Fünkchen Repression. Als »Beamtensohn und überzeugter Christ« sei er 1958 vom Besuch einer Oberschule ausgeschlossen worden. Es ist wahr, daß sich Ende der Fünfziger die SED in dieser Frage superkatholisch benahm. Aber bei W. konnte sie das schlecht. Sein Beamtenvater war bereits 1945 verstorben, seine Mutter war Arbeiterin, Proletariat. Christentum allein aber, man erfährt es aus den anderen Biographien, reichte nie.

Aber sei's drum. Es gab ja noch einen viel besseren Weg, um an das Abi zu kommen, die Volkshochschule. Besser deshalb, weil die Unis Volkshochschüler viel eher immatrikulierten, denn bei denen konnten sie Fleiß und vor allem Beharrlichkeit voraussetzen.

Zum Studium des Berufes, den sich W. ausgeguckt hatte, wurde man nach einem normalen Abitur sowieso nicht genommen. Von einem Regiestudenten erwartete man zu Recht eine Portion vorher gesammelter Lebenserfahrung. Die erwarb sich W. in einer Lehre als Elektriker und im katholischen Seelsorgeamt Magdeburg. 1965 begann er mit sechs Gleichaltrigen an der Filmhochschule Babelsberg ein Regiestudium.

Sein Lehrer war Karl Gass, einer der Besten des Faches. Schon während des Studiums drehte W. mit Auszeichnungen bedachte politische Dokumentarfilme. Danach spezialisierte er sich in seinen Filmen auf die Probleme von Kindern und Jugendlichen. Er wurde für zahlreiche Filme mit vielen »silbernen Lorbeeren« geehrt. Dreh- und Festivalreisen führten ihn um die halbe Welt. Die kleine, arme, mickrige DDR hatte für Dokumentarfilme und deren Macher stets offene Taschen, Kinos und Kanäle.

Beim absehbaren Ende derselben übernahm W. die Regie in einer politischen Gruppe mit dem Namen »Demokratie jetzt«. Als solcher hat er in der Öffentlichkeit in den beiden letzten Jahren viel Zeug erzählt, das ihm selbst in den eigenen Reihen Protest einbrachte.

Aber W. konnte sie immer wieder beschwichtigen, hatte er doch als Filmer gelernt, mit Kindern umzugehen.

Wolf, Christa

Der Himmel von Christ W. ist geteilt. Aus Versehen hatte sie sich schon zur Rechten des Allmächtigen gesetzt, nun ist sie zurück, um im Vorhimmel, dem Fegefeuer, noch ein paar Sünden abzubüßen. Ob es Todsünden oder nur läßliche sind, wer weiß. Vielleicht geht sie mal, zusammen mit Günther de Bruyn, in den Beichtstuhl und fragt einen Fachmann, einen katholischen Priester. Wir Laien sind so ziemlich hilflos bei dieser Art öffentlicher Selbstgeißelung.

Hilfreich waren ihre Bücher, die noch in unseren Regalen stehen. Starke Bücher von starken Leuten, schwach können wir selber sein.

Wolf, Markus

Wie der derzeitige deutsche Außenminister, Vizekanzler und FDP-Chef, Kinkel, wurde auch W. in der süd-württembergischen Kleinstadt Hechingen geboren. Damit endet deren Gemeinsamkeit.

W. ist der Sohn des Dramatikers Friedrich Wolf und erblickte das Licht von Hechingen 1923. Nach der Machtübernahme der Nazis emigrierte die Familie W. in die Schweiz, nach Frankreich und schließlich in die Sowjetunion. Dort besuchte W. die Liebknecht-Emigrantenschule, studierte danach erfolglos Flugzeugbau und ließ sich anschließend auf der Kominternschule politisch bilden. Beim »Deutschen Volkssender« in Moskau las er Nachrichten vor und versah sie mit entsprechenden Kommentaren.

1945 kehrte er nach Deutschland zurück, arbeitete bis 1949 beim Runfunk u. a. als Berichterstatter der Nürnberger Prozesse. Nach der Gründung der DDR brauchte man Diplomaten, und so wurde W. als Erster Botschaftsrat nach Moskau geschickt.

1951 begann in der DDR der Aufbau eines eigenen Sicherheitsapparates; W. wurde für den Auslandsteil engagiert. Seit November 1955 war er 31 Jahre lang Leiter der Auslandsaufklärung des MfS, neben dem israelischen einer der erfolgreichsten Geheimdienste dieses Jahrhunderts.

Leider hatte die Regierung, für die aufgeklärt wurde, weder die Macht noch die Intelligenz, diese Arbeitsergebnisse nutzbar zu machen. Nur ein geringer Teil davon wurde durch die Firmen Schalck-Golodkowskis bisweilen skrupellos ausgewertet. 1986 quittierte W. den Dienst, die nicht mehr abwendbare Niederlage des Sozialismus vor Augen. Er begründete seinen Abgang mit beabsichtigter schriftstellerischer Tätigkeit. Das Fragment eines Filmszenarios seines Bruders, des Filmregisseurs Konrad Wolf, zog er als Buch »Troika« in die Länge, seine sonstigen Versuche autobiographischer Natur haben auf Grund seiner noch geübten Zurückhaltung nur einen geringen historischen Wert.

Sein Schweigen, das durch einen drohenden Prozeß erzwungen wurde, deckt bislang noch nicht enttarnte ehemalige Mitarbeiter.

Das könnte sich ändern. Auf einem Forum nach seinem größten Erfolg als Spionagechef gefragt, lächelte er und verwies auf die Zukunft, die das zeigen werde.

Deshalb wird sich wohl bald ein Teppich finden müssen, unter den man auch seinen »Fall« kehren muß.

Wollenberger, Vera

W. hat ein gutes Buch herausgebracht (»Virus der Heuchler«, Berlin, Elefanten Press, 1992).

Wer es liest, erhält intime Einblicke in die Arbeitsweise des MfS, in üble Methoden einer mitunter üblen Einrichtung. Trotzdem bleiben nach der Lektüre qualvolle Fragen. Wer erbaute das siebentorige Theben? Wie kann man eine Familie mit einem einzigen Bienenwagen ernähren? Wer bezahlt einer DDR-Frau einen Vier-Wochen-Trip durch Westeuropa, wer das teure Studium an einer englischen Nobeluniversität? Warum tat es nicht auch eine preiswertere westdeutsche? Wer spendierte diese ständigen Hin- und Herflüge? Kleinliche Fragen, aber hatte Alexander nicht wenigstens einen Koch?

Daß W. in diesem Buch hinter Markus Wolf steht, ist Zufall. Aber auch der Zufall, so lehrt es die Dialektik, ist notwendig.

Zimmermann, Udo

Z. ist Komponist, nicht zu verwechseln mit Kommunist. Dies tat der 1943 Geborene nach dem Besuch der Dresdner Kreuzschule und seinen Studien in Dresden und Berlin.

Als Dramaturg und Hauskomponist der Dresdner Oper wurde er Mitglied der Sozialistischen Einheitspartei Deutschlands.

Seine wöchentlichen Bittgespräche um den Intendantenstuhl der Semperoper beim damaligen SED-Chef *Modrow* scheiterten an dessen falschem Demokratieverständnis.

Nach der Entmachtung seiner SED näherte sich Udo Z. zunächst der DSU, dann etwas heftiger der CDU.

Heute ist er Intendant der Leipziger Oper.

© ELEFANTEN PRESS Verlag GmbH, Berlin 1993.

Umschlag: Jürgen Holtfreter
Gestaltung: Barbara Globig
Fotos: JW-Bild (3); Liebe (7); Archiv Edition Fischerinsel (9)
Satz: MSP Satz + Grafik GmbH, Berlin
Druck: Druckhaus am Treptower Park GmbH, Berlin
Weiterverarbeitung: Buchbinderei am Treptower Park GmbH, Berlin
Printed in Germany

EP 464
ISBN 3-88520-464-9
1. Auflage: April 1993
2. Auflage: Mai 1993
3. Auflage: Juni 1993
4. Auflage: September 1993
5. Auflage: November 1993
6. Auflage: Mai 1994

ELEFANTEN PRESS
Postfach 66
12414 Berlin

Hergestellt im Medienzentrum am Treptower Park.

Die Deutsche Bibliothek – CIP-Einheitsaufnahme

Andert, Reinhold:
Unsere Besten : die VIPs der Wendezeit / Reinhold Andert. –
Berlin : Elefanten Press, 1993
  (EP ; 464)
  ISBN 3-88520-464-9
NE: GT